3岁看成长
10岁看一生

陈洁 ◎ 编著

名师文化生活编委会 ◎ 策划

辽宁科学技术出版社
·沈阳·

U0735147

20年前，如果对家长们说"棍棒底下出孝子"，会听到一大片认同的声音，事实上，这正是当时许多父母的教育主张。10年前，再次说出同一句话，家长们的态度已经开始犹豫，不置可否，因为这条曾经的"教育铁律"已经被不少现实打破，使得他们疑惑丛生，又措手不及。现在，假如再如散播真理般摆出这个观点，不难预见"轻者令人无语，重者遭人鄙视"的结果。

这只是家庭教育的一个小小例子，我们管中窥豹，去回顾中国近几十年的教育发展，会发现教育的理念和状况都发生了翻天覆地的变化。或许有人认为，这是中国经济高速发展带来良好物质生活、国人生活条件改善而衍生出的人文思想变化，但这并不是最主要的原因。教育观念和方法变迁的根本原因，在于家长们已经开始意识到"以人为本"的重要性，意识到教育策略理应顺应孩子的特点、因应他们的需要做出调整再施行，而不是仅仅从祖辈手上接过鞭子这么简单。这道理就如同社会按劳付酬的制度最终打破旧有的"大锅饭"体制一样，我们不可能将每个孩子的教育获益规定得整齐划一，而应该因材施教，按需教育。

到现在，越来越多的父母意识到，给予孩子的家庭教育和给予的饮食营养一样，应该是独特而均衡的。从这个意义上来讲，家庭教育绝对是从意愿出发的"自助餐"。然而，在这种自给自足的状况下，我们是否清楚家庭教育中必需的"营养"呢？当你把所有的一切交给孩子，而他却仍然不幸福，到头来你再去为教育的"营养不良"而懊恼就太迟了。

其实，每个孩子都有与生俱来的天赋，父母不但要学会激发孩子的潜能，更要以良好的教育滋润孩子的心灵。要知道，人生发展的主动权永远在孩子自己手中，让孩子幸福的人最终也必定是他自己。本书所讲述的自信积极、优秀品质、快乐求知、专注自制、自理自立、想象创意、逆境向上、和谐人际和理财观念，这九种必需"营养素"就是缔造孩子的幸福人生的基础。

如果你愿意相信你的孩子独一无二、潜能无限，将来必有过人之处，如果你也有耐心为家庭教育理念而思考，为孩子的幸福人生而筹谋，那么你手中的这本书就值得一读。在打开这本书时，你会发现，陈洁老师不只与你交流经验，也会提供有效的方法，让你的教育真正落到实处。

最后，希望所有爱孩子的家长，从成为成功的父母开始，教出卓越成功的孩子。

目录
CONTENTS

PART 4 优秀品质取决于良好的习惯 90

有人问一位荣获诺贝尔奖的科学家："你在哪里学到了你认为最重要的东西？"科学家平静地说："在幼儿园。"又问："在幼儿园学到了什么呢？"科学家回答："学到了自己的东西要跟小伙伴分享，不是自己的东西不要拿，不能依赖别人，做人要诚实、勇敢，待人友善，乐于助人，做错事要表示歉意。从根本上说，我学到的全部东西就是这些。"可见，幼儿时期养成的好习惯可以让一个人受益终生。

PART 5 游戏是快乐的学习，学习是求知的游戏 108

学习有两种状态：一种是痛苦的学习，一种是快乐的学习。你一定会为你的孩子选择第二种学习状态。游戏，对孩子来说就是快乐的学习。在游戏中寻找到适合自己的学习方法，这就是寓教于乐的秘诀。端正学习态度，掌握学习方法，学习就会像呼吸一样自然。

PART 6 专注力与自制力决定人生成就 126

在这个世界上，有不少平凡的人成功了，而许多聪明的人却还看不到失败的尽头。这并不奇怪，因为平凡人若能专注于一个领域，持之以恒，也能最终到达成功的彼岸。而那些智力超凡的人若毫无目标，终日四处涉猎，最后只会一无所获。专注与自制是善始善终的咒语，让你的孩子早日领悟这一魔法，他就能召唤出成就辉煌人生的强大灵魂。

PART 7 自理自立，从独立生活到独立思考 142

有一种叫"优巴斯树"的植物，有着茂盛的枝叶，能保护很多依赖它生长的植物。然而这种树也能分泌毒液，将寄生植物们毒死。你是"优巴斯树父母"吗？你的庇护是否已成了阻碍孩子正常发展的毒液？孩子已经来到这个世界，需要拥有适应这个世界的能力。如果你不舍得让孩子患上生活"软骨症"，那么你就要舍得放手。

PART 8 想象力和创造力是成功的双翼 160

如果在孩子的幼儿时期，你不能给他提供一支笔和一张纸，孩子的大脑将会一片空白，因为你扼杀了孩子的想象力和创造力。其实，孩子的世界很简单，只要你用心去观察，就会发现：一张纸、一支笔便可让孩子拥抱整个世界。

PART 9 挫折是财富，激发孩子逆境向上的潜能 178

"爸爸，我这次没考好，对不起。"

"太好了！"

"为什么？考砸了，还好什么呢？"

"暴风雨终于来了！你不是要做海燕吗？没有暴风雨，怎么体现出海燕的顽强呢？孩子啊，失败后的胜利才是更有价值的胜利，从小一帆风顺的人和从小就能从失败中站起来的人，谁更能经受未来生活中的风雨呢？"

"是后一种人！"

——赏识教育之父周弘与女儿的对话

引子

为什么说"3岁看成长，10岁看一生"

3岁前是开发孩子智力的关键期

100多年前，一位妇女向进化论的创始人达尔文请教什么时候开始培养孩子最好，达尔文问："您的孩子今年有多大了？"那位妇女答道："才两岁半。"达尔文摇摇头，惋惜地说："夫人，您已经迟了两年半。"

苏联著名的生理学家、心理学家巴甫洛夫•伊凡•彼德罗维奇也曾说过："婴儿生下来的第三天开始教育，就晚了两天。"

0～3岁是一个人所拥有的知识从"无"到"有"的起步阶段，也是开发孩子智力的关键时期。一般来说，宝宝在妈妈肚子里的时候，智力开发就已经开始了，聪明的妈妈给宝宝听音乐或者陪宝宝聊天，都对宝宝的智力发育有促进作用。如果在宝宝出生后就注重对孩子智力的开发，你一定会得到一个聪明伶俐的孩子！

0～3岁是孩子脑部发育的黄金期，从大脑重量的增长来看，3岁前孩子的脑重量增长得很快，3岁时可达成人脑重量的75%，3岁以后发展相对缓慢。有研究表明，一个人的智力有一半是在3岁前被开发的，而剩下的一半有30%在4～8岁之间被开发，另外20%在8～17岁之间被开发。作为父母，一定要好好把握孩子0～3岁这个智力开发的黄金期，对孩子进行科学、系统的教育。

潜能是人身上"潜在的本能"，人类已开发的潜能大约只有10%，也就是说，还有90%的潜能有待开发。0～3岁作为人类多种能力发展的关键期，对潜能开发至关重要。对孩子而言，这个关键期的每一分每一秒，都能产生巨大的影响。其实每个人潜能的天赋差异并不是很大，关键在于后天的开发和培养。我们不能只寄希望于3岁之后的教育，却忽略了孩子人生发展中最重要的3年。

人的潜能始终遵循随年龄增长而递减的规律，即开发得越早，开发出的潜能越多。即使你从孩子出生第二天起就开始对孩子进行教育，你对孩子的潜能开发计划也已经晚了一天，孩子的智力也将受到影响。

10岁前是塑造孩子性格的黄金期

性格是一种与社会关系最密切的人格特征，表现了一个人对现实和周围世界的态度，并通过他的言行举止体现出来。性格有好坏之分，能够最直接地反映出一个人的修养和品德。

10岁前是塑造孩子性格的黄金期，孩子85%～90%的个性习惯和生活方式都是在这个时期里形成的，并将影响到孩子未来的学习、事业、婚姻和社会交际等领域。

孩子从出生到性格的基本成型要经历5个时期：婴儿期、幼儿期、学龄前期、学龄期、青春期。婴儿期是让孩子建立信赖感的时期，婴儿的各种生理需求完全依赖父母给予满足。这是婴儿对这个世界产生信赖感和安全感的关键时期，如果婴儿和父母之间没有建立依赖关系，会让他产生极度不安的心理状态，情绪易波动。幼儿期，孩子的自我意识开始萌芽，虽然在日常生活上还得依赖父母，但已渐渐产生反抗情绪。学龄前期，孩子的生活自理能力不断提高，其自我主动性慢慢加强，会开始帮妈妈做简单的家务或者整理自己的物品，同时易产生挫败感，如果主动行动失败的话会有失望和内疚的情绪。学龄期对孩子而言是一个敏感时期，人际交往开始变得频繁，在和同伴交往的过程中，孩子会发现自己的强项和弱项，于是也就开始懂得了自信和自卑。青春期，孩子的身体发育及对社会的认知能力处于变化中，情绪波动较大，青春期问题接踵而至，对朋友、家人、社会及人生观、价值观都有重新的认识，是正确树立人生观和价值观的重要阶段。

在性格形成的时间段里，10岁前占了80%，也就是说，10岁前是塑造孩子性格的黄金期。良好的性格、人际关系和社会交往技巧是可以通过学习获得的，因此，10岁前注重孩子性格、情感的培养和教育，对孩子一生的成长至关重要。

抓住孩子成长中的九大敏感期

当某种特殊的敏感在孩子身上被激发出来时，孩子的内心会有一股无法遏止的动力，促使他对感兴趣的事物产生跃跃欲试的心理，尝试和学习未曾接触过的东西，直到满足内在需求或者敏感力减弱，动力才会渐渐消失。这个时期被意大利杰出的教育家玛利亚·蒙台梭利称为"敏感期"。

孩子从呱呱坠地时的一无所知到逐渐适应这个复杂的世界，甚至可以无师自通地学习并且掌握一门语言及其他各种技能，如此巨大的进步是怎么做到的呢？研究发现，在孩子的成长过程当中，存在着一种生机勃勃的本能，这种本能的引导使孩子懂得自我调节，掌握某些东西。这就是敏感期的重要性所在，它是大自然赋予孩子的生命助力，如果孩子的各种内在需求没有得到发展，就会丧失培养和学习的最佳时机。错过了激发孩子潜能的敏感期，日后即使付出更多的心力和时间去弥补，效果也欠佳。如何帮助孩子运用敏感期这股潜在的助力，让孩子最大限度地发挥出自身潜在的本能，正是父母的职责。

根据蒙台梭利对婴幼儿敏感期的观察和研究，敏感期可以归纳为九大类，它们对提升孩子的智力有极其突出的贡献。

语言敏感期0～6岁

从孩子哇哇大哭开始，他的语言学习便揭开了序幕，孩子最早的语言可能是"爸爸"、"妈妈"，这也是为人父母最感欣慰和得意的事。蒙台梭利指出，0～6岁是孩子语言发展的敏感期，当孩子张开小嘴牙牙学语时，父母首先要给孩子创造一个良好的语言环境，这样才能最大限度地激发孩子的语言能力。孩子3岁以前，其语言发展可划分为两个时期：前语言期和语言期。

前语言期（0～1岁）：语言是人类与生俱来的本能，即使是刚出生的孩子，也别忽视他的语言能力。起初孩子是通过哭声、喉音或者"咯咯"的笑声来"说出"他的需求，与孩子"心有灵犀"的妈妈肯定会"听懂"他的语言，并及时用适当的语言作出回应。6个月左右，孩子开始练习简单的音节发音，如"m-n-d"等，慢慢的，他会用单字跟别人沟通，并重复说"爸爸"、"妈妈"、"鞋鞋"、"狗狗"等双音节词。这个时期孩子尚不能自由地表达语言，主要是吸收和储存从周围环境听来的语言，而父母的主要任务是观察和记录孩子的声音，多花点时间与孩子沟通，培养孩子的语言能力要从沟通开始。

语言期（1～3岁）：这个时期属于语言的"爆发期"。1岁左右，孩子会用单字或者不完整的句子来表达他的想法，不常接触孩子的人一般很难理解他要表达什么讯息。这个时候，妈妈要充当孩子的"解码器"，将孩子不完整的句子补充完整，最重要的是要让孩子看到你说话时的口形，这是帮助孩子学习语言的重要方法。1岁半到2岁是孩子学习名词的关键时期。此时，他已经意识到周围的事物都有个特定的名称，父母要在日常生活中不断地重复事物的名称，尽管孩子模仿得不太准确，但已深深印在他的脑海中，同时各种各样的新词也会爆发性地从孩子口中溢出。2～3岁，孩子发音器官的发育日趋完善，之前吸收、储存起来的语言一股脑儿全迸发出来了，他能够清楚地描述2～3种颜色和用简单的词汇叙述生活事件，喜欢自言自语，尤其喜欢模仿大人说话。因此，良好的语言环境对孩子的语言发展至关重要，父母要特别注意自己的言行，不要说粗话，更不要随便责骂孩子，任何粗暴的行为都会或多或少影响孩子的语言发展，甚至会给孩子造成某种缺陷。

从孩子3岁开始，父母要将注意力集中到孩子的发音训练上，训练孩子吐字清晰、语调抑扬顿挫等，注重培养孩子语言的表现力。和孩子一起练习绕口令、对答游戏、看图说话、讲故事、脑筋急转弯等，都可以让孩子的语言变得更加丰富，提高孩子的表达能力。言传不如身教，身教胜于一切，父母要以自身良好的语言修养给孩子树立榜样，与孩子沟通时用词要规范、文明、简洁、生动，努力营造和谐、平等、轻松以及肯定的氛围，鼓励孩子畅谈他感兴趣的话题。

感官敏感期0～6岁

在孩子未完全掌握语言之前，他主要通过听觉、视觉、味觉、触觉、嗅觉来感知这个世界，吸收来自外界的各种信息，不断接受这些信息又刺激着孩子的大脑发育。孩子的感官敏感期主要在0～4岁，可延伸至6岁。对孩子感官的刺激应从他出生后开始。抓住感官敏感期这个契机对孩子进行适当的感官刺激，会让他形成精细的感官分辨力和感官记忆力，孩子的认知能力将在潜移默化中得到迅速提高。

感官刺激能让孩子形成对物体颜色、形状、方位、大小及种类的认识。当孩子能够正确区分物体时，智力也就开始形成了。生活中有许多可以刺激孩子感官的素材，父母要善于利用，引导孩子充分运用五官的感知能力获得对外界事物的印象，进而形成对某些事物的强烈兴趣。

孩子通常会对色彩鲜艳的图画表现出好奇，颜色对比分明的图画以及会动的物体都能够大大刺激孩子视觉的正常发育。轻快的音乐不仅可以促进孩子的情感发育，还可以丰富孩子的听觉感受。家长要多和孩子说说话，让孩子时常接触外界的各种声音，刺激他的听觉。抚摸和拥抱是促进孩子身心健康发育和增进亲子感情的重要手段。0～4个月内，家长每天都要抚摸和拥抱孩子，满足孩子触觉的需要。触觉是孩子与世界接触、交流的重要途径，父母要予以高度重视。对于孩子的嗅觉和味觉刺激，父母要提供尽可能多的机会，让孩子闻不同的气味，尝试各种各样的味道。

  总之，3岁前，孩子是通过潜意识的"吸收性心智"吸收周围事物的相关知识，3～6岁则是通过感官来分析和判断环境里的事物。需要注意的是，感官刺激的方式要在孩子成长的不同阶段不断更新，才能全面促进孩子各种感官能力的发展。

动作敏感期0～6岁

孩子每一个动作的发展都和大脑发育密切相关，当他开始学习第一个动作的时候，大脑也开始学习周围环境的新鲜事物。孩子总会突然把东西往嘴里塞，会紧紧抓住身边的任何物体，喜欢捏东西，爱爬好动，会主动学习站立和行走等。当所有的动作都发展得极其迅速时，也意味着大脑的发育得到迅速提高。

  孩子一出生就进入动作敏感期（0～6岁），动作发展主要包括大肌肉运动和手的动作发展。0～3岁是大肌肉运动的敏感期，孩子从爬行到走路都是在这个敏感期里实现的，其中走路的敏感期是1～2岁。走路彻底解放了孩子，令他跟过去那种不自由、需要帮助的状态告别。2岁左右，孩子便能够自如地走动、跑动、跳跃，异常活泼。除了大肌肉运动的发展，手的动作也会同步协调发展。手的动作敏感期是1.5～3岁，孩子通过手的动作可以直接体验、理解物体的各种特性。满足孩子手的活动就是满足他的好奇心和探索的欲望。强化孩子手眼协调的细微动作的刺激，不仅能让孩子养成良好的动作习惯，也能促进智力的发展。

　　细心观察的父母会发现，孩子的模仿能力极强，最喜欢模仿大人的各种动作，并且乐此不疲。模仿是人类最基本的学习手段之一，是刺激孩子动作发展的推动器。模仿可以让孩子获得各种能力，对孩子智能的培养具有积极的意义。6岁以前是孩子发展自身能力的重要阶段，其走路方式和做事方式都会在这个时期里定型。当孩子会爬会走后，父母要学会适时放手，给孩子自由探索的空间，在确保安全的前提下，不要干涉孩子的动作，让他的动作能力得到自由发展。也许刚开始孩子时常会跌倒、撞倒，但不要担心，因为孩子还具有一种本能：他会努力协调自己全身的动作，他懂得如何控制自己身体的平衡。

细节敏感期1.5～4岁

　　1岁之前，孩子的注意力会被鲜艳的色彩、动听的声音或者体积大、移动快的东西所吸引。从1岁半开始，孩子会着眼于细微的事物，往往对大人容易忽略的细小的东西（如地上的小蚂蚁、衣服上的小图案、墙角的小草）感兴趣，这说明孩子进入了细节敏感期。

1～2岁左右的孩子常常会将注意力集中在细枝末节上，比如看一幅图画时，成人只会注意重要的背景，而孩子的注意力会放在背景中的细微之物上。蒙台梭利举了一个很典型的例子来说明孩子的细节敏感性：一个1岁多的小女孩对花园里放着的砖块兴奋不已，而花园里种着的漂亮的天竺葵却没有得到小女孩的青睐，其他人都没有发现这些砖块有任何特别之处。经小女孩指点，大家才看到砖块上面有一只跟砖块颜色一样、微小得几乎看不到的昆虫在迅速跑动着，很显然，她的好奇心被一只难以觉察的昆虫成功地激发了。

当孩子对细小的事物感兴趣时，父母不要干预孩子对细节的敏感表现。父母看到孩子蹲在地上玩沙子或者把玩一些奇怪的东西，便不由分说地制止孩子的行为，这样会错失培养孩子敏锐观察力的大好时机。细节敏感期对孩子来说是很重要的一个阶段，它能够促进孩子好奇心的成长，使他养成关注细微事物、零碎东西以及隐蔽角落的习惯。父母要给予孩子足够的时间和空间，并有意识地引导孩子观察事物，让他在自由发展的过程中获得敏锐的细节观察能力。

秩序敏感期2～4岁

为什么孩子常常会害怕、哭泣、闹脾气，甚至对自己的东西具有独占欲呢？父母常常对孩子这些非正常的行为头痛不已，其实这些都是孩子处于敏感期的表现。孩子从2岁开始，就需要一个有秩序的环境来帮助他认识事物，熟悉和适应周围的一切。一旦他所熟悉的环境有所改变，他就会无所适从，哭哭闹闹，甚至毫无理由地大发脾气。这就是处于秩序敏感期的孩子的行为特点。2～4岁是培养孩子秩序感的重要时期，同时也是帮助孩子建立内在秩序的时期。

在孩子心里，一个有秩序的环境可以让他感到稳定和安宁，并获得足够的安全感。久而久之，在他脑海里会自动形成一些固定的秩序，如果某种秩序被破坏，他就会因为不适应而变得烦躁不安。

有一个例子可以生动地说明这个问题：一个3岁的小男孩每天早上都要喝一杯牛奶，喝完后妈妈就会牵着他的小手去菜市场买菜。那天早上，妈妈忘了倒牛奶给小男孩喝，拉起他的小手就准备去菜市场，还没走到门口，小男孩开始不安起来，哭着闹着不肯跟妈妈去菜市场。细心的妈妈马上倒了一杯牛奶给小男孩喝，他立即就安静下来了。可见，引起小男孩不安的正是平日的秩序被打乱了。在很多情况下，孩子发脾气往往都是由于秩序敏感所引起的。

孩子处于秩序敏感期时，会有很多无理要求，父母如果不了解孩子对秩序敏感的这种心理需求，一味斥责孩子的"无理取闹"，会给孩子的心理带来很大的伤害。当处于秩序敏感期的孩子莫名哭闹时，父母要首先考虑一下是不是孩子平日的生活秩序出了问题，及时找出症结。为了更好地培养孩子的秩序感，父母要积极配合，满足孩子对秩序敏感的各种心理需求：家里的物品尽量保持在相对固定的位置，不要随意变动，保证孩子处于一种"正常"的生活状态中，并能随时在有序的空间里找到他想要的东西。

社会规范敏感期2.5～6岁

3岁的佳佳看到同龄的露露在吃果冻，于是走到她面前说："我也想吃果冻。"露露犹豫了一下，给了佳佳一个果冻。佳佳吃完后还想吃，但露露这次不肯给了，佳佳拿出漂亮的Hello Kitty："这个给你玩。"露露接过Kitty，二话不说又送了一个果冻给佳佳。

2岁以前的孩子习惯以自我为中心，对自己的所有物有很强的独占欲。2岁半的孩子进入社会规范敏感期，以自我为中心的行为逐渐减少，开始对结交朋友、群体活动、日常礼仪、社会规范等感兴趣，特别喜欢模仿成人的行为举止，言谈举止有时像个小大人。社会规范敏感期的前期主要表现为孩子与同龄人之间的交往，包括食物的交换、玩具的交换及其他物品的交换，进而发现相同的喜好，最后慢慢形成和谐的群体活动。

对于孩子来说，模仿父母是他最热衷的事情之一，父母的一言一行对孩子具有潜移默化的影响，在培养孩子的社会规范意识的阶段中，父母要以身作则、言行一致，帮助孩子建立正确的社会规范意识，以社会规范为准则，学会自律。在社会规范敏感期，教孩子学会如何与人交际、沟通，如何辨别是非，如何融入社会规则，并将社会规范化作为自己的行为标准，用以约束自己及他人的行为，可以为孩子将来拥有较高的情商奠定良好的基础。

书写敏感期3.5～6岁

蒙台梭利发现，孩子的书写要先于阅读，一支笔、一张纸就能将孩子带入书写敏感期。3岁半左右的孩子喜欢拿一支彩色的笔在纸上涂涂画画，这当然是源于孩子对色彩有着浓厚的兴趣，除此之外，这也显示出孩子的书写兴趣也开始被激发出来。

刚开始，孩子喜欢到处涂鸦，然后临摹字母和数字。你会发现，孩子的书写能力太强了，短短一个月到一个半月，孩子就已学会书写所有的字母和数字了。一般练习3个月后，孩子就能熟练地书写，因此书写是孩子最容易掌握的本领之一。

给孩子一支笔，会让他忘记外面的世界有多精彩，可以让他静静地呆上一个多钟头甚至一个上午，自由地在纸上书写、涂鸦，这就是书写的魅力！但是，孩子书写的激情能否持续得更加长久，书写的技艺能否日渐精湛，取决于父母能否为孩子提供有利于发展书写能力的环境。虽然孩子的书写能力发展得比较迟，但是如果孩子在语言、动作、感官等敏感期内得到了充足的发展，书写能力便会自然产生。

父母要为孩子提供良好的书写环境和书写材料，适时加以引导和鼓励，及时纠正孩子错误的书写姿势、握笔手法、写字笔顺等，让孩子的书写朝着规范化、标准化方向发展。为了避免孩子对书写产生厌烦情绪，父母应不断更新书写材料，让孩子在练习的过程中体验到不同的书写感受，在丰富的书写材料中不断进行新的尝试，最终养成书写的好习惯。

阅读敏感期4.5～5.5岁

阅读是一项需要手、眼、脑同时配合的活动，这对于生长发育尚不完全的孩子来说，确实是件比较困难的事。孩子4岁多的时候，喜欢缠着妈妈给他讲故事，或者不厌其烦地捧着一本书"仔细端详"，这就说明孩子进入了阅读敏感期。

阅读敏感期跟其他敏感期的不同之处在于，它不一定会第一时间出现在孩子的生活中。一般来说，语言、秩序、动作、感官等敏感期出现时，孩子都有比较突出和明显的表现，父母可以根据孩子的某种表现判断出他已进入哪个敏感期。阅读敏感期通常出现在孩子4.5～5.5岁之间，但并非所有孩子的阅读敏感期都会如期而至，或早或晚都有可能，这主要取决于孩子所处的环境。

　　阅读敏感期需要在相应的环境刺激下才能被激发出来，同时，其他能力的发展也会促进或者制约孩子阅读能力的发展。父母要根据孩子的阅读兴趣为他挑选一些图书，更好地调动孩子阅读的积极性。亲子共读活动是培养孩子阅读能力的重要途径，在父母的协助下，孩子能够感受到更多的阅读乐趣，阅读的敏感性也会越来越强。因此，孩子的阅读主要以兴趣为主，当孩子对图书产生浓厚的兴趣时，他便会通过阅读走入探索世界的大门。

文化敏感期6～9岁

　　孩子对文化的求知欲萌芽于3岁，6～9岁时这种欲望会变得越来越强烈，对文字、算术、风俗、科学、艺术等会产生极大的兴趣，总会出其不意地提出各种各样的问题。在文化敏感期里，孩子不再像以前那样盲目地问为什么，而是有针对性地提出疑问和自己的想法。

　　蒙台梭利指出：孩子的心智就像一块肥沃的田地，准备接受大量的文化播种。孩子的智力发展使他们自然而然对文化产生兴趣，父母要为孩子提供丰富的文化资讯，帮助孩子对文化进行本质的学习和探索，而非只局限于获得表面知识。父母要引导孩子"知其然"，更要"知其所以然"。

　　孩子对文化的敏感性与书写和阅读能力息息相关，三者相辅相成。父母只要为孩子营造出一个充满书香的环境，就能让孩子养成阅读和书写的好习惯。在文化敏感期里，如果孩子对文化学习的兴趣没有被破坏，他将产生巨大的动力去探索文化知识。父母可以根据孩子的需求来选择读物，适时拓展孩子的知识面，以本土文化为基础，逐渐让孩子涉及不同国家和地方的文化、风土人情、历史、地理环境等方面的知识，使之在文化的滋养中健康成长。

PART 1

换个角度做父母，和孩子一起成长

孩子一天天长大，父母的烦恼却没少。说了一遍又一遍"不可以"，在旁边急得直跺脚，孩子还是听不进去。

这是孩子的错，你的错，还是教育方法出了错？

孩子每天都在学习中成长，很多父母的教育心智却仍然停留在哺乳期。

如果你现在不懂得倾听孩子的心声，那将来只会离他越来越远。

如果你现在不学习做成功的父母，那将来成功也只会离孩子越来越远。

孩子的成功来自父母1%的改变

教育风格决定孩子的性格

　　生活中，我曾遇到这样一些情形：某个孩子在超市中拿起水果乱扔，一旁的妈妈和外婆视而不见，继续挑选水果；在餐馆用餐时孩子奔走打闹，随意喧哗，父母却在餐桌上悠然自得地看杂志报纸；进电梯时孩子胡乱地按楼层按钮，母亲只顾着在旁边打电话聊天。我想，很多人看到这些孩子，嘴上不说什么，心里大都会有想法，一方面是从孩子身上看到的"没家教"，另一方面则是从家长身上看到的"怪不得孩子这么没家教"。

不难理解，孩子的行为能明显地反映出父母的教育效果。不同的教育风格对孩子的成长会产生不同的作用。一个孩子成长为性格良好的人，父母的作用是举足轻重的，而一个孩子在成长的过程中发生心理或行为偏差，最终的根源都来自于父母的教育态度。

你是哪种风格的父母呢？请认真、如实地回答以下的题目，记下所选的选项：

1. 时间不早了，你的孩子还没做完作业，却跟你说他很困了，想去睡觉。你会：

A．不太高兴地说："谁叫你吃完饭在那里看那么久电视！快点做作业，做完才能睡。"

B．让他去洗脸，告诉他这样就不困了。

C．让孩子去休息，你帮他做作业。

D．让他先去睡觉，早上早点起床把作业做完。和他说明从明天起作业要按时做，不要拖到这么晚，并说明这种做法不好的地方。

2. 你的孩子和另外一个小朋友抢玩具，还用力推了一把，把对方推倒了，你会：

A．非常生气，让他马上回家，不认错就打一顿。

B．假装没有看到。

C．觉得孩子年纪小不懂事，不用放在心上。

D．告诉孩子这样的做法不对，让他跟对方道歉。回家后仔细询问他这样做的原因，针对问题进行引导。

3.当孩子摔跤时，你会：

A．忍不住念叨："你总是这么不小心，站都站不稳。"

B．没什么事就行了。

C．心头一惊，赶紧安慰孩子。

D．温和而认真地告诉他："下次要小心，不然身上就会有很多伤痕了。"和他一起检查有没有受伤，并让他吸取教训。

4.孩子看了电视里的恐怖情节睡不着，跑来敲你卧室的门，你会：

A．跟他说："不就是恐怖片吗？都是假的，不要那么胆小，赶快去睡吧。"

B．假装没听到，这样他就会自己回去。

C．赶快安慰孩子，如果孩子不愿意自己回去睡觉就陪着他。

D．先安抚他的情绪，再和他说说一些有趣的事情。如果孩子依然害怕，告诉孩子爸爸妈妈会保护他，让他能安心地睡觉。

5.你的孩子在房间里玩玩具，这时有小朋友邀他出去玩，他不整理杂乱的玩具就想出去，你会：

A．要他马上整理，不然就惩罚。

B．无所谓，房间乱点也没什么。

C．让他出去玩，你帮他整理。

D．问孩子为什么不收拾。如果他急着出去玩，问他打算什么时候整理，在他作出承诺后才让他去玩。

6.发现你未成年的孩子看黄色书刊，你会：

A．把书拿去销毁，并严加惩罚。

B．无所谓，不过是黄色书刊而已。

C．觉得可以接受，只要他高兴就好。

D．问他为什么想看，给他讲相关的知识解除他的疑惑，并给他介绍好的书籍。

7.和孩子逛街时，他吵着要买一个玩具，你会：

A．不为所动，严肃地告诉他："不行，家里玩具已经很多了。"

B．觉得很烦，让他吵，看他可以吵多久。

C．立刻买给他，孩子高兴，自己也觉得满足。

D．问他："可以买，但是要用你省下的零用钱或压岁钱，你愿不愿意呢？"再提醒他家中有很多好玩的玩具，让他考虑是否愿意在这个玩具上花钱。

8.当你的孩子不洗自己的碗时，你会：

A．责骂他一顿，要他马上洗。

B．故意不理他，等他受不了的时候，自然就会去洗碗。

C．没关系，孩子不做家务也可以。

D．提醒孩子该收拾饭碗。如果有特殊情况，可以说出来，再进行适当的安排。

9.你的孩子回家后哭着说有同学欺负他，你会：

A．反问他是不是惹了别人才被打，叫他不要老是找借口，自己要好好反省。

B．让他哭一下，发泄一下情绪就没事了。

C．愤愤不平地找对方的家长理论。

D．要孩子仔细说说发生的事情，然后打电话向老师或孩子的同学询问当时的情形，和对方的家长进行沟通，综合判断后再进行情绪安抚或引导。

10.你认为父母的教育对孩子的最大意义是：

A．让孩子听话。

B．说不上，孩子长大就好。

C．让孩子无忧无虑地长大。

D．让孩子成为适应力强、有正面能力的人，能更好地掌握自己的人生。

结果统计：

A选项个数：_____ 军官式父母	B选项个数：_____ 保姆式父母
C选项个数：_____ 牧师式父母	D选项个数：_____ 领袖式父母

哪种选项最多说明你主要的教育风格是哪种。教育孩子过程受阻时，你的教育风格倾向于选项第二多的那种。

分析：

军官式父母：

对孩子的管教非常严格，要求孩子无条件服从自己，一旦孩子违反，会严厉地进行惩罚。几乎不关怀孩子，孩子感受不到温暖和支持。在这种教育风格下长大的孩子，最终形成的性格具有两面性：一些人依赖性强，独立性弱，缺乏自我管理能力；另一些人则容易形成与父母相近的对人苛刻的行为模式，与此同时叛逆心重，具有攻击性。

保姆式父母：

更多地考虑自身的需求，不特别关心孩子，也不对孩子提要求，对孩子冷淡，亲子之间缺乏交流和沟通。在这样的教育风格下长大的孩子身心得不到健康发展，多半性格封闭。家庭的疏离感让他们的内心焦虑不安，难以信任他人，也会缺乏自信，缺乏进取心和探索精神。他们的自控能力很差，容易产生报复心理和攻击行为。

牧师式父母：

无条件地爱和接受孩子，但对孩子的行为不加规范，没有要求，即使对孩子提出要求，也不坚持让孩子做到，期望孩子进行自我管理。由于缺乏必要的指引，这种教育风格下长大的孩子对事物的判断力不强，价值观也容易产生偏差，心智成熟度低，不懂得感恩，认为得到的都是理所当然。他们大多缺乏自制力，社会适应能力差。

领袖式父母：

愿意倾听和关怀孩子，对孩子的需要能作出准确的反应，让孩子感受到温暖和关爱。同时，会对孩子提出理性、明确的要求，并解释提出要求的原因，然后敦促孩子达到要求。父母和孩子关系亲密，情感和思想的交流都很充分。父母在孩子心目中有很高的威信，孩子觉得父母可亲可敬，非常值得信赖。在这种教育下长大的孩子易形成友善、真诚、合作、自立的品质，有自信和较强的自我控制能力，社会适应能力良好。

父母需要不断自省和调整

心理学家在研究家庭教育对孩子的正面影响时，认为"爱"是一个重要的因素。从心理学角度来看，"爱"是一种内在的体验，也是把自己和他人联合起来的力量。在家庭教育中，不但包含感情基础，更包含换位思考的态度和行为规范的形成。军官式父母非常看重行为规范的形成，但极少进行换位思考，因此孩子很难感受到父母的理解和关怀，性格容易走向极端。而牧师式父母则相反，他们看重孩子的感受，但不懂得规限孩子的行为，容易形成过度的迁就，他们对孩子的行为不设限，到头来孩子也未必会感谢他们，只会予取予求。保姆式父母基本上只养不教，亲子关系冷淡，心灵距离遥远。

在四种教育风格中，领袖式父母是最成功的，能取得最佳的教育效果。他们不但能引导孩子的行为，同时能和孩子进行交流，理解孩子的感受，并能在适当的时候给予支持。这样的父母能获得孩子的极大信任，孩子也愿意听取他们的意见。同时，因为父母的教育具有开放性，孩子对父母也持开放和接受的态度，双方能不断适应彼此的变化，这样的关系是有活力的，也是日趋成熟圆满的。

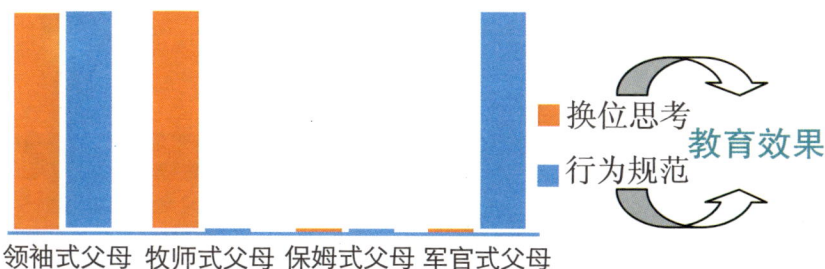

领袖式父母 牧师式父母 保姆式父母 军官式父母

换位思考的态度和行为规范的设定是最佳教育风格的表现，也是影响教育效果的因子。就换位思考的态度而言，这要求父母以同理心（了解和分享别人的看法和感受）对待孩子，认真倾听他的想法和感受，并且帮助他处理负面的情绪，譬如愤怒、悲哀及恐惧等。这样，孩子和父母之间才能建立信任和爱的桥梁。而行为规范的设定则建立在孩子的理解之上，父母在期望孩子遵守某种规则前，向他说明规则的内容和意义，同时能在实施的过程中以身作则，也能坚持让孩子执行，引导孩子改善并能对孩子的进步给予肯定。孩子在6岁之前，左脑的逻辑思考能力发展还不完善，不能很好地进行推论思考，这时候和他讲道理，他往往是听不进去的。教导6岁以下的孩子做事，应该强调其中的快乐，让他理解这样做的好处，感觉这对于他而言是最有益处的，孩子才会愿意去做，也乐于去遵守某些规则。父母做这样的引导时，换位思考又派上用场了，因为只有站在孩子的角度思考，也了解孩子的看法，才能做出让孩子主动遵守行为规范的快乐指引。

现提供领袖式父母十个反思如下，希望父母能在生活中及时进行反省，并采取正确的态度和方法获得更多的正面效果。

	换位思考	行为规范
反思	我是否先关注孩子的感受再处理事情？我是否认真倾听了孩子的感受？我能否理解孩子的心情？我是否能让孩子放开心胸沟通？我是否会引导孩子正确地面对负面情绪？	孩子是否明白规则的具体内容？孩子是否理解守规则的好处？孩子是否在我身上得到榜样的作用？孩子是否缺乏适度的奖惩？孩子是否得到了及时的引导或肯定？

要真正成为领袖式父母不是一朝一夕的事，在教育过程中，孩子也是被父母的思想、言行和情绪影响，逐渐形成个人的思考和行为模式。如果孩子的行为产生某些偏差，那么家长必须要意识到，这样的状态不只是孩子自己的过错，也与父母的教育方式有很大关系。

赏识教育创始人周弘先生曾在他的书中谈到，孩子一旦出现问题，许多家长往往把责任推在孩子身上，这是不应该的。我们期盼孩子成才的心情就如同农民盼望庄稼有好收成，但是庄稼长势不好，从来没有农民双手叉腰，怒不可遏地站在田边埋怨："我起早贪黑，披星戴月，吃了多少苦，流了多少泪，仁至义尽了吧！你为什么长不高？！"农民都懂得在自己身上找原因，知道要改变自己的做法，情况才能得到改善。父母在教育过程中若不思考孩子的心灵需要，不懂得自我反省和调整，那么教育的结果可想而知。

要想改变孩子，首先必须改变自己。从你满满的爱中留出1%的空间来思考自身的不足，并着手去改变，你的爱才不至于在教育上偏离方向。也许孩子在初期不会出现你所期望的改变，甚至会变本加厉，但父母必须要明白，这是一种考验，只有坚持已做出的改变，孩子认识到你的坚定和认真，才会做出正面的回应。相反，不知自省、只想改变孩子的父母，是不可能获得正面教育效果的。

父母也是平常人　心态平和很重要

在面对孩子时，我们是大人。但大人不是完美的人，也不应该伪装完美。很多父母喜欢成为孩子心目中的权威，这在孩子小时候的确能发挥很大的影响力，但是孩子拥有最清澈的心灵，随着时间的推移，他能轻易读懂你的掩饰，到了这个时候，你要怎么维持你的影响力呢？或许只祈祷孩子不要推翻以往树立的一些观念和看法就好？与其竭力维持这种危墙式的高大形象，不如放下身段做一个平常人，让你的孩子明白，爸爸妈妈并不完美，但总是努力做到最好，这对他人生的影响将是积极而持久的。

你需要承认，你有出错的时候。在孩子面前，父母无需永远都是正确的，不要害怕对孩子承认错误，因为这能使孩子意识到做错事后正确对待的态度和责任。

　　你需要明白，你会遭受挫折失败，也会有心情不好的时候，面对孩子，无需刻意隐藏自己的情绪。他需要看到的，不是你的强装没事，而是受挫后仍能打起精神，乐观、坚定地面对一切。要知道，父母对消极情绪的处理能力，深深地影响着孩子面对逆境时的抵抗力。

　　你需要正视自己在一些方面能力很强，而在另一些方面能力较弱。你要让孩子得到的信息是，有短处并不妨碍你成为一个有自信的人，同时，你也懂得谦虚地向别人学习，能很好地与人合作。这对孩子对自我价值的肯定和与人交往的态度将产生正面的影响。

　　父母用平和的心态看待自己，以自然的方式和孩子相处，并不刻意去经营自己的外在印象，事实上反而能在孩子心中树立起高大的形象。这也是军官式父母与领袖式父母的差距之一，原因在于领袖式父母的孩子并不是仰视一个虚构的偶像，而是实实在在地领略到父母的风采，内心真正理解父母并信服。

　　父母所经历的情绪和事情，孩子大多也会经历，如果他早已从你那里得到最好的应对态度，无形中就增强了他的适应能力。要让你的孩子以真诚自信的积极态度开创人生，就要改变自己过强的家长意识，从学做心态平和的父母开始。

营造幸福和谐的家庭氛围

为孩子创造良好的家庭环境

　　环境对孩子的成长有潜移默化的作用，最适宜的家庭环境包括舒适的生活环境和良好的人文环境。

　　创办了"儿童之家"的蒙台梭利对孩子的生活环境非常重视。她根据心理学的有关标准改善环境，为孩子提供宽敞舒适的自由活动空间。"儿童之家"中有缤纷的色彩、充足的光线、宽敞的阳台等，这个美丽舒适的环境能够给儿童的智能开发带来有效的刺激。同时，蒙台梭利为孩子们提供按比例缩小的生活用品，让他们能以自己的力量轻松快乐地使用，在这个过程中体会劳动的乐趣，并自己动手解决困难，促使孩子们逐渐发展自己的能力，形成独立的性格。

人文环境方面，著名NLP（身心语法程式学）导师李中莹先生提出了理想家庭环境的10个基本特征：

互相尊重：每个成员都有自己的地位和生活空间，并且受到尊重。

心态积极：每个成员都有正面、积极的心态，充满信心和活力。

崇尚互爱：每个成员都视信任、支持和爱为家庭的最高价值。

各担己任：每个成员都诚实，对自己的行为负责任。

容许差异：每个成员之间容许有不同的看法和做法。敢于尝试，亦敢于认错。

共同助人：每个成员都乐于助人、富于爱心。

鼓励思考：每个成员之间互相鼓励学习，鼓励独立思考。

识己认人：家庭成员能认识到包括自己在内的个人价值，肯定每个人的能力和贡献。

喜乐共享：无论是乐趣或悲愁，每个成员都乐于与家人分享。

参与是金：成员们对于一起做的事，在乎对方参与的过程和意义更甚于结果。

这样的家庭环境，能给孩子提供最好的学习动力，促进孩子树立完善的信念和价值观系统。孩子积极自信，与家人在一起能获得很大的幸福感。

做父母也做朋友 亲子关系更和谐

前面已经提过，作为父母，要以同理心对待孩子，要用平和的心态看待自己。这样的原则放在亲子关系上，就表现为孩子与父母有同等的情感需求。什么是同等的情感需求？简单来讲，就是想获得正面情绪和想克服负面情绪要保持一致。

你希望得到别人的尊重，孩子也一样。

你希望别人对你礼貌友好，孩子也一样。

你希望得到别人的肯定和赞赏，孩子也一样。

你希望有人能真正了解你的内心，孩子也一样。

你希望在疲惫乏力时得到关心和理解，孩子也一样。

你希望在心情黯然低落时有人安慰和支持，孩子也一样。

你希望在做错事时得到他人的谅解和改正的机会，孩子也一样。

亲子平等，意味着孩子和父母作为独立平等的个体相互了解，尊重与接纳彼此。在这个过程中，父母和孩子建立起朋友式的关系，无论快乐或痛苦都能一起分享和分担，真正了解彼此内心的意愿，共同面对各种问题。

优秀的领袖善于回归到一个伙伴的角色，让团队成员感受到他的理解和支持。同样，要使你的教导直达孩子内心深处，就不要忽略朋友这个角色的作用，这将扫清亲子之间的沟通障碍，让你们的关系更紧密和谐。

做善于倾听和沟通的父母

对于孩子来说，父母光是了解他的感受是不够的，更重要的是带着同理心倾听，对不适当的行为设置规范，帮助他妥善地处理情绪。美国哈佛大学心理学教授丹尼尔·戈尔曼在他的名著《情绪智商》一书中谈到，妥善地认知和处理情绪，比智力更能保证人的成功和快乐。遗憾的是，现今许多父母对情绪认知不足，更无法帮助孩子正确地处理情绪问题。举个简单的例子，如果某些人说了一些不好听的话或者做了不该做的事，我们就容易产生负面的情绪反应，甚至在这种情绪状态下做出消极的行为，这就说明，我们很容易被人和事决定自己的情绪，进而成为情绪的奴隶。

李中莹导师指出，每种情绪都有正面的价值，不是给予我们一份力量，便是为我们指引一个方向。例如，愤怒是给我们力量去改变一种不能接受的现实，痛苦则是指引我们找出方向、摆脱威胁，使痛苦感无以为继。要想做情绪的主人，要从认识自己的情绪和接受它开始。教导孩子认识和接受内心的情绪，进而学会处理情绪，会使他掌握人生重要的信念和价值观。

处理情绪有四个步骤，分别是：接受、分享、肯定与引导、策划。

接 受
用同理心帮助孩子描述他的感受。最有效的方式是直截了当地说出你感受到的他的情绪。

你看上去有点不高兴，发生了什么事啊？

分 享
帮孩子将无形的恐慌和不舒适的感觉等转换成可定义的、有界限的情绪类别。引导孩子说出事情的细节，以便确定引导的方向。

哦，原来是小明拿了你的玩具啊，当时你心里觉得怎么样？

嗯，你觉得他没问你就把你的玩具拿走，所以很生气，是吗？

肯定与引导
对不适当的行为设立规范，对孩子的情绪和动机表示理解，引导孩子思考恰当的处理方法。

我明白你的感受，但是你打他也是不对的，换了是你，也不会愿意被别人打，对吗？你想想，有没有办法不让这种不开心的情况发生呢？

策 划
寻找解决问题的目标，与孩子一起讨论解决的方案，引导孩子实现自己的想法，并帮助他做出最佳选择。

小明走过来的时候，你要怎么说，他才不会随便拿走你的玩具呢？

如果跟小明说好借给他玩，等他回家时还给你，这样你和你的朋友都可以玩，怎么样？

父母要谨记：第一，情绪是没有对错的，需要关注的是情绪引起的行为。面对消极的情绪，不能逃避压抑了事，应该去认识并接受它的存在，学会用非破坏性的方式进行表达。

第二，要尊重孩子的价值观。父母必须以同理心对待孩子的情绪，才能有效地进行沟通。比如，面对一件损坏的心爱玩具，孩子的伤心不亚于成人事业溃败的失落，假如父母无法理解孩子内心的感情，自然就无法和孩子进行沟通，更谈不上情感上的疏导。

第三，不要苛求负面情绪能一次性修复。很多事情是不可控的，人因此感到伤心失望也是自然的事，孩子小的时候学会处理小失望，长大后就能应付大落差。

第四，处理孩子的情绪不代表要完全满足他的要求，更多的是引导他学会处理人生中的欲望和得失。在这个过程中，父母给予充分的情感支持，让孩子感觉得到理解，才能更好地引导他接受现实。

第五，让孩子知道情绪的正面价值。让孩子学会在每一次经验中成长，这样就能更好地处理将来面临的问题。

父母与孩子进行沟通和一起寻找解决方法时，不要轻易对孩子所表达的感受下结论，要接受从孩子的角度所看到的原因和感受到的情绪，确定引导的方向，再表达自己的看法。

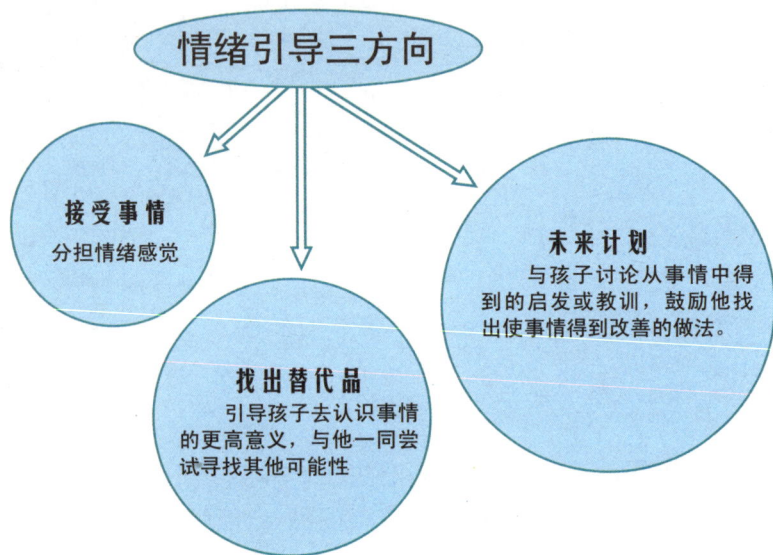

情绪引导三方向

接受事情
分担情绪感觉

找出替代品
引导孩子去认识事情的更高意义，与他一同尝试寻找其他可能性

未来计划
与孩子讨论从事情中得到的启发或教训，鼓励他找出使事情得到改善的做法。

　　父母善于倾听和沟通，给孩子带来的不仅是温暖的精神关怀，更是和谐的家庭氛围。父母引导孩子处理情绪，不仅是让他学习心灵的自我管理方法，更要让他学会适应事物变化。无论是面对与他人的冲突、遇到挫折、心爱事物的终结还是人与人之间的分离，孩子都能从中进行思考，衡量事物的价值，懂得珍惜和感恩，明确自身的责任，也能体会事物改变所带来的正面意义，这样，孩子自然能更从容地走向快乐、成功的未来。

情绪引导小练习

1.孩子很喜爱的宠物小狗离世了。

接受：＿＿＿＿＿＿＿＿＿＿＿＿＿＿＿＿＿

＿＿＿＿＿＿＿＿＿＿＿＿＿＿＿＿＿＿＿＿＿

分享：＿＿＿＿＿＿＿＿＿＿＿＿＿＿＿＿＿

＿＿＿＿＿＿＿＿＿＿＿＿＿＿＿＿＿＿＿＿＿

＿＿＿＿＿＿＿＿＿＿＿＿＿＿＿＿＿＿＿＿＿

肯定与引导：＿＿＿＿＿＿＿＿＿＿＿＿＿

＿＿＿＿＿＿＿＿＿＿＿＿＿＿＿＿＿＿＿＿＿

＿＿＿＿＿＿＿＿＿＿＿＿＿＿＿＿＿＿＿＿＿

＿＿＿＿＿＿＿＿＿＿＿＿＿＿＿＿＿＿＿＿＿

策划：＿＿＿＿＿＿＿＿＿＿＿＿＿＿＿＿＿

＿＿＿＿＿＿＿＿＿＿＿＿＿＿＿＿＿＿＿＿＿

＿＿＿＿＿＿＿＿＿＿＿＿＿＿＿＿＿＿＿＿＿

＿＿＿＿＿＿＿＿＿＿＿＿＿＿＿＿＿＿＿＿＿

2.孩子在竞赛中因紧张而发挥失常，事后心情低落。

接受：＿＿＿＿＿＿＿＿＿＿＿＿＿＿＿＿＿

分享：＿＿＿＿＿＿＿＿＿＿＿＿＿＿＿＿＿

＿＿＿＿＿＿＿＿＿＿＿＿＿＿＿＿＿＿＿＿＿

＿＿＿＿＿＿＿＿＿＿＿＿＿＿＿＿＿＿＿＿＿

肯定与引导： _____

_____

_____

_____

_____

策划： _____

_____

_____

_____

_____

参考答案：

1.接受：看你这么伤心，一定很喜欢这只小狗，来，告诉我你的感受。

分享：嗯，小狗陪伴你这么长时间，带给你很多快乐，现在它离开你，所以你心里很舍不得，也感觉很伤心，对吗？

肯定和引导：小狗和你在一起的时候，它也过得很快乐，我想它也很舍不得你的。虽然小狗现在不在你身边了，可是你们那些快乐的回忆是带不走的。小狗和你感情那么好，它肯定希望你多多想起那些美好的日子，而不是为了它离去而过于伤心，你说是吗？

策划：我们来好好和小狗告别，让它快乐地到另一个世界去。为了不让小狗不担心你，安心地离开，你要怎么做呢？（向天空默默许愿，这样小狗可以听见/对着照片诉说心情并祝福它/写信向小狗告别，告诉它自己会好好生活）

2.接受：怎么打不起精神呀？遇到什么不高兴的事了？

分享：因为输了比赛心情不好呀？怎么会这样呢？在比赛的时候遇上什么困难了吗？

哦，你认真地做了准备，但是临场发挥得不好，所以现在感到很懊恼对不对？

肯定和引导：我能理解你现在的心情，的确是有点可惜，不过你用心地去准备了，这可是很难得的。如果你能找到发挥失常的原因，然后去改善，那下次肯定就会比现在做得更好。这是很多遭遇挫折的人都会忽略的地方，你愿意让这次竞赛成为你取得进步的开始吗？

策划：想一想，怎样可以让紧张的心情镇定下来呢？（深呼吸/把注意力集中在比赛的内容上/闭上眼睛沉思片刻/想象自然景观放松心情/提醒自己：参加比赛的人都很紧张，大家是一样的/默想：我的付出比比赛结果重要，尽力就好了）哪个做法效果最理想呢？你还能想到其他的方法吗？

PART 2

让孩子在人生舞台上做耀眼的明星

跑在最前边，战胜数以亿计的细胞，冲破重重障碍找到归属，日趋强大。

这就是你的孩子，天生的成功者。

他与众不同，散发出独特的光芒。

身为父母的你，千万要懂得评估孩子的价值。

因为你的孩子带着天赋和鎏金特质而来，注定演绎成功的人生。

孩子有着与生俱来的天赋

你的孩子拥有与众不同的天赋吗？

不管你相信与否，答案是肯定的。

如同大自然赋予雄鹰飞翔的能力和鱼游泳的本领一样，每个孩子都拥有与生俱来的天赋。同时，大自然还给予了他们其他动物没有的学习天赋，使孩子能从环境中获得经验和增长智慧。

蒙台梭利指出，儿童具有一种从无到有地学习的心理能力，他们通过心理能力直接吸收知识，并建立自己的精神世界。儿童这种"具有吸收力的心灵"可以接纳任何东西，并最终把这些东西通过行为体现出来。孩子与生俱来的不同天赋让他们成为与众不同的人。同龄的孩子感到困难的一件事情，他能毫不费劲地做好，这往往就是孩子的天赋所在。

我们能从不同的孩子身上看到不同的特点。有些孩子智商一般，但做事专注，意志坚强，有远大的目标；有的孩子能言善辩，但自制力差，纪律性不强；有的孩子记忆力强，但不善于思考和表达；有的孩子虽然记忆力差，但心思缜密，能记住最重要的信息；有的孩子智商过人，但注意力难以集中，意志薄弱……任何一个正常的孩子，都有父母易于辨识的短处，与此同时，他们也总有某种优势或潜在的能力，却往往被忽视。

每个孩子都拥有天生的财富——八大智能

心理发展学家霍华德•加德纳教授在多年对人类潜能进行大量实验研究的基础上提出了关于智力的独特观点。他认为，过去对智力的定义过于狭窄，不能正确反映一个人的真实能力，并提出了多元智能理论。按照他的观点，每个人至少拥有八种智能，八种智能相对独立而又平等，共同作用于人的行为。

语言智能：有效地运用口头语言及文字，欣赏语言深层内涵的能力。

数学逻辑智能：进行计算、辨认和处理抽象概念，并对抽象关系进行演绎和归纳推理的能力。

视觉空间智能:对线条、形状、结构、色彩和空间关系的敏感性以及对平面图形和立体造型的表现能力。

肢体运动智能:调节身体运动及操控、改造事物的能力。

音乐智能:感知、区分和记忆音调、旋律、节奏、音色等的能力。

人际智能:分辨他人的情绪感受,理解他人的动机和行为,与他人和睦相处及有效与人共事的能力。

自然观察智能:识别生物与自然环境的能力。

内省智能:认识自己的情绪、意向、动机和欲望,理解与思考自己的情感、目的和愿望的能力。

每个孩子都同时拥有这八种智能,八大智能在不同孩子的身上以不同的方式和程度组合存在,使得他们的智能表现各具特色。每个孩子的天赋都是独特而持久的,他们的最大成长空间就在于天赋覆及的领域。

加德纳教授认为,每个孩子都具有自己的智能强项和学习风格,如果个体化地考虑他们的差异和智能强项,在这个基础上因材施教,教育就会产生最大的功效。但是长期以来，我国教育教学都偏重于多元智能中的语言智能和数学逻辑智能，除了艺术类教学外，很少涉及其他智能。语言和数理能力成为衡量一个孩子聪明与否的标准，学习成绩因此而成为测量前途发展的标杆。这样的狭隘教育压抑了孩子多方面智能的发展，极大地埋没了他们的才能，而批量定模的人才生产方式也造成了社会人力资源的浪费。

智能优势是衡量一个孩子发展前景的最佳标准

曾任中国科学院学部委员的复旦大学校长苏步青，年幼时非常淘气，9岁时到县城念书，成天玩耍，无心向学，成绩连续三个学期在全班倒数第一。学校里的地理老师陈玉峰并不因此对苏步青感到厌烦，反而看到了他身上的优势，他给苏步青讲励志故事，并鼓励他："我看你挺聪明的，一点也不笨，只要肯努力，肯定能考出好成绩！"就这样，在老师的引导下，苏步青奋发向上，最终成为一代数学名家。

可见，学习成绩不是判断孩子的唯一标准，更不应该成为最重要的标准。以寻找智能优势的目光看待孩子，才是父母的明智选择。

作家郑渊洁读二年级时，写过一篇文章——《我长大想当掏粪工》，引起了全校的注意。之后在一个干校学习时，老师给出作文题目《早起的鸟有虫子吃》，郑渊洁运用逆向思维，写成《早起的虫子被鸟吃》，老师罚他当着全班同学的面说一百次"郑渊洁是全班最没出息的人",但他并不认为自己的作文是错的,引起老师的不满。后来,学校将郑渊洁开除,从此他就没有上过一天学,只在父亲的教导下学习。

1977年,郑渊洁开始进行文学创作。他创作童话30年,售出作品1亿2千万余册,笔下的人物影响了包括成年人在内的亿万读者。1985年创刊的《童话大王》,至今仍畅销不衰。郑渊洁是这本纯文学大发行量月刊的唯一撰稿人,这在古今中外文学出版史上都相当罕见,而这样一位有成就的作家,却连小学还没有毕业。

现在看来,当初郑渊洁的老师错过了一个好苗子。如果当时你处在他父母的位置,仍会相信自己的孩子是最棒的吗?我们有理由相信,在学校里不存在所谓的"差生",只有看不到孩子独特之处的教师。同样,世界上也没有不聪明的孩子,只有看不到孩子聪慧之处的父母。

大部分的人能在某个特定的领域施展自己天赋,是因为他们很好地把握和发展了自身的智能优势。爱因斯坦在语言、肢体运动和人际智能上表现平平,但他却凭借数学逻辑智能上的卓越天赋成为物理学的世纪伟人。事实上,每个孩子都能发展八大智能,并且多在其中一两种智能上表现出突出的优势。能否找准孩子的发展道路,关键就在于是否找到孩子的智能优势。

没有不好的孩子　只有不当的教育

　　一对父母为孩子选择了文学之路，一个学期下来，语文老师给他写下这样的评语："你很用功，但过分拘泥。这样的人即使有着完美的品德，也决不可能在文学上有所成就。"

　　于是父母让孩子改学油画，可他的构图和润色能力很弱，对艺术的理解力也不强，成绩在班里是最后一名。老师给出了更为冷酷的评语："你在绘画艺术上绝不可能成材。"

　　大部分老师都认为这个孩子是笨蛋，没有前途可言，只有化学老师欣赏他做事的一丝不苟，具备做科学实验的品质，建议他学习化学。孩子的智慧火花一下子被点燃了，一步一步地走上了成功的科学征途，他就是1910年的诺贝尔化学奖获得者奥托·瓦拉赫。

　　毋庸置疑，瓦拉赫的辉煌归功于化学教师对其天赋的发掘，如果我们同样能给孩子提供恰当的教育条件，让他的潜能最大程度地得以施展，那么孩子最终必将成就非凡。

父母的职责是激发孩子的潜能

天赋差异有限　生命潜能无限

"你看隔壁的弟弟，钢琴比你弹得好多了！"

"这次家长会老师又表扬小燕了，人家的成绩总是那么好。"

"啧啧啧，小龙这孩子就是聪明，你要有他一半就好了。"

生活中，总能从一些父母口中听到类似的话，事实上，他们都不同程度地减低了教育的价值。原因有三：第一，每个孩子的特点都不同，父母应该承认孩子之间的差异性，这是孩子个性形成的起点，不该武断地理解成是与他人的差距。第二，父母若拿自己孩子的短处与别的孩子的长处相比，无疑会对孩子造成打击，孩子容易失去信心，自然更难发展自己的能力。第三，最令人遗憾的是，这些父母大多忽略了自己孩子的个性和潜能，只知道盲目地让孩子按别人的模式成长，最终往往扼杀了孩子的天赋。

兔子天生是奔跑的好手，可是不会攀爬。这看上去是个不小的弱点，于是兔子的父母就强制它去学爬树。大半辈子过去了，兔子还是没有学会，它不禁感到疑惑，也失落、痛苦，与此同时，它最初那引以为傲的奔跑能力也愈发变弱了。

不少家长正在让自己的孩子重蹈这只兔子的覆辙。他们敏锐的目光高度聚焦于孩子的短处，却不去发现、激励孩子的优点和特长；他们总想让孩子把家长视野范围内的每一件事都做好，却没有耐心让孩子做好一件他自己擅长的事；他们认为自己在解决一个问题，却忽略了孩子本有的优势正逐渐丢失。这是失当的教育，而后果却要由孩子来承担，多么的残忍和令人惋惜。

有智慧的父母会选择尊重孩子的潜能和个性，创造一个有利的环境激发、强化孩子的特长。因为他们深知，应该有一个地方让孩子充分发挥所长，就如同应该有一个地方让兔子快乐奔跑。

　　每个孩子都是与众不同的，但他们的潜能同样都没有极限。美国学者玛格丽特·米德认为，人的大脑资源有95%是尚未开发的。前苏联学者伊凡·叶夫莫雷夫也指出："人的潜能之大令人震惊，如果我们迫使大脑开足马力，我们就能毫不费力地学会40种语言，把苏联百科全书从头到尾背下来，完成几十所大学的课程。"潜能是孩子尚未发展的能力，即使是爱因斯坦这样的天才，也只是开发了5%的潜能。可见，每个孩子都拥有无穷的潜能，找准潜能优势，才能让孩子走上属于自己的不凡道路。

唤醒孩子的无限可能

　　一个新生命降生时，自身就包含着神秘的本能，这个本能指导他的活动，形成与环境相适应的特征。每一个孩子都有最适合他生长的外部环境，在这样的环境里，他能凭借与众不同的特性确认自己的位置，从而对世界作出贡献。蒙台梭利认为，儿童存在着与生俱来的"内在生命力"，这种生命力是积极的、不断发展的，具有无穷的力量，而教育的任务是激发和促进儿童"内在生命力"的发展。孩子不是成人进行灌注的容器，也不是可以任意塑造的泥和蜡，教师和父母必须认真研究和观察孩子，了解他们的内心世界，在孩子自由与自发的活动中，帮助他们获得身心发展。

　　所谓"内在生命力"，就是生命的潜能，这是一种休眠状态的能力，需要父母去唤醒。我们把这种从孩子成长需求出发来激发潜能的教育称为唤醒教育。唤醒教育的奥义，在于父母站在孩子的角度，思考孩子的需要，了解孩子的兴趣和愿望，帮助孩子整合外部的因素，引导他们建构能力，并进行身心的自我完善。

　　著有《傅雷家书》的著名文学翻译家傅雷精通美术理论，又有许多画坛巨匠朋友。起先，他让儿子傅聪学习美术，想让他博采百家之长，在绘画上有所作为。但傅聪丝毫没有显露出预期的美术天赋，学画时也心不在焉，习作几乎都是鬼画桃符。与此同时，傅聪的一些细微爱好引起了傅雷的注意。他发现儿子钟情于家中的留声机，每当播放音乐唱片时，傅聪总是在一旁静静地听，调皮好动的情形一扫而光。于是傅雷果断地让傅聪改学钢琴。傅聪学琴仅几个月，就能背对着钢琴听出每个琴键的绝对音高，似乎每个细胞都是为音乐而生。启蒙老师雷垣教授断言，傅聪"有一对音乐的耳朵"，至此，傅雷确定自己发现了傅聪的音乐天赋。

在精心的教育之下，傅聪脱颖而出，二十年间举行了约2400场独奏音乐会，与梅纽因、托塔里、巴伦鲍伊姆等许多国际著名演奏家合作过，演奏的足迹遍及欧洲、美洲、大洋洲、东南亚和中东等地，时代周刊曾将其誉为"当今最伟大的中国音乐家"。

傅雷对教育子女有独到的见解。他认为，每一个人都有自己的天赋，在孩提时代，父母要善于发现孩子的天赋，并进行正确引导，如果逆天赋而行，那是无法取得成功的。

成功引导孩子天赋的三大要素：

1. 孩子自身要有汲鲜纳新的强烈愿望；
2. 孩子自身对外部因素具有一定的整合能力；
3. 父母通过有利的环境和外力诱导来挖掘、促进孩子的整合能力。

发现孩子天赋的方法

从兴趣看天赋

孩子对于感兴趣的事物，通常表现出一种持续的热情和好奇心。在生活中，孩子可能会不断地提出某方面的问题，全神贯注地聆听某些事物的内容，或者津津有味地谈论某些特定领域的事物。在兴趣驱使下，孩子会主动地参加相关的活动，经常阅读相关的书籍资料或者对相关事物表现出爱惜的行为。

孩子的兴趣是值得父母仔细观察的，因为这往往是天赋的闪光点。父母应经常与孩子玩耍和交流，便于发现他的兴趣爱好，另外，多向幼儿园或学校的老师了解情况，也利于发现孩子的兴趣。值得注意的一点是，兴趣爱好往往流露出孩子的天赋，但并不完全等同于天赋，父母要帮助孩子从尝试中认识自己，再进行进一步的辨析，认清天赋所在。

从行为看天赋

天赋通常表现为一种学习能力。孩子拥有某种天赋，接受和学习该事物的速度就比较快，这也就是我们常说的"悟性好"。父母能从孩子日常活动中的种种表现来发现天赋，比如具有语言天赋的孩子对语言的学习和记忆能力较强，说起话来滔滔不绝，喜欢讲故事等；孩子要是擅于观察和体会别人的感受及变化，在阅读或看电视电影时，能很快分辨出正反面角色，懂得从行为辨别人物性格，这是管理天赋的表现；如果孩子较早地表现出运动的协调性，能熟练地掌握体育运动或器材，这表明他有运动天赋；有些孩子喜爱听有节奏的声音或者乐曲，能毫不费力地学习新歌曲，这是音乐天赋的表现；而如果擅长下棋，喜欢探索抽象的问题，对图形与分类具有敏感性，则是数学逻辑天赋的表现。

从性格看天赋

性格是稳定的人格特征，从性格中体现的心理活动和行为模式很大程度上也反映了孩子的天赋。密歇根大学的专家曾对125名3～10岁孩子的母亲进行问卷调查，依据孩子在同别人发生意见分歧时的态度予以性格分类，并与长大后的情况进行对照研究。他们发现，许多总设法在语言上达到目的、常常自信地作出立论式发言的孩子，长大后成了法官、新闻记者或律师。而那些不经过深思熟虑就脱口而出、为证明自己正确而捶胸顿足、态度咄咄逼人的孩子，日后容易成为领导者或管理者。至于那些意见一旦被否决就直掉眼泪的孩子，感情脆弱、敏感，长大后内心世界比较丰富，大多数成为有艺术力的人。

智能优势小测试

从以下生活表现中勾选出符合你孩子的描述：

1. 善于用语言描述所听到的各种声响；

2. 常给孩子朗读的故事，要是你更换了里面的某个词，孩子会说"读错了"并加以纠正；

3. 喜欢对人讲故事，而且讲得绘声绘色；

4. 喜欢提些怪问题，如人为什么不会飞等等；

5. 喜欢把玩具分门别类，按大小或颜色放在一起；

6. 喜欢伴随乐器的弹奏唱歌；

7. 喜欢倾听各种乐器发出的声响，并能根据声响准确地判断出是什么乐器；

8. 能准确地记忆诗歌和电视里经常播放的乐曲；

9. 善于辨别方向，极少迷路；

10. 乘车时，清楚地记得经过的站名或路标，并向你提起什么时候曾经来过这个地方；

11. 喜欢东写西画，形象逼真地勾勒各种物体；

12. 喜欢自己动手，很多东西都一学就会；

13. 特别喜欢模仿戏剧或电影人物的动作或对白；

14. 善于体察父母的心情，领会父母的忧与乐；

15. 落落大方，动作优雅懂礼貌；

16. 看见生人时会说"他好像某某人"之类的话；

17. 善于把行为和感情联系起来，如"我生气了才这样干的"；

18. 善于判断该做什么、不该做什么；

19. 善于辨别出物体之间的微小差异；

20. 喜欢摆弄花草、逗弄小动物，而对一般的玩具兴趣不大。

结果分析：

表现突出的题号	智能优势
1、2、3	语言智能
4、5	数学逻辑智能
6、7、8	音乐智能
9、10、11	视觉空间智能
12、13	肢体运动智能
14、15、16	人际智能
17、18	自省智能
19、20	自然观察智能

唤醒教育，成就孩子一生的幸福

幸福的人生才是真正的成功

　　人天生就有对赞美和尊重的强烈渴求，正如美国教育家约翰·杜威所说，人类本质里最深远的驱动力是"希望自己有重要性"。因此，人对于成功的渴求是与生俱来的，那是获得赞美与尊重的最有效的途径。谈到成功的标准，很多人的第一反应是物质财富和社会地位。不少父母在孩子很小的时候，就为他编制这样一个华丽的梦：念好书，将来赚大钱，当大官或者做名人。这样的想法衍生自望子成龙望女成凤的期盼，再正常不过。但是，仅仅达到通行的社会衡量标准就等于成功吗？

　　某个著名图书撰稿人在举办讲座时，一名读者问了一个尖锐的问题："这位先生，你好像是在给我们讲成功学，那么请问，你认为自己是一个成功人士吗？"这位撰稿人没有片刻的犹豫，笃定地回答："不谦虚地讲，我个人认为自己是成功的。虽然我没有住别墅、开奔驰宝马，但是，我已经找到了发挥自己最大潜力、与社会对接的最佳位置。找这个位置，我用了接近八年的时间！然后，在这个位置上我努力了八年，我完成了一个个计划和目标，解决了自己的生活问题，获得了同行和社会公众的认可——我的几本图书销量总和有两百多万册。我赚到的钱虽然不多，但至少对几百万读者产生了积极的影响，对他们有所帮助。所以，我敢说自己是成功的！"

　　从这个故事里，我们可以看出，自我实现是成功的重要组成部分。在成功心理学看来，判断一个人是否成功，关键在于是否最大限度地发挥了自己的天赋。一个拥有巨额财富但得不到自我认可的人，不是真正意义上的成功，而一个普通人若能找到适合自己的位置，最大限度地实现自我价值，也成功者。

　　看到这里，或许有人会产生疑惑：难道创造财富和争取名誉就没有价值吗？

　　不是的。成功并不是一道关于"有名有利却不快乐"或者"贫穷无名但快乐"的单选题，而是包含着外在的社会价值和内在的自我认可度。你的孩子完全可以过上富足的生活，同时也能得到实现自我的快乐，这源于他能够在正确的位置上发挥自己的天赋，这样的人生是幸福的，也只有这样的人生，才可以称得上是真正的成功。

让成功的高楼在孩子的天赋上拔地而起

英国散文家托马斯·卡莱尔曾说过："发现自己天赋所在的人是幸运的，这样的人不需要其他的福佑，拥有自己命定的职业，也就有了一生的归宿。"台湾著名漫画家朱德庸就是这样的一个例子。

朱德庸天生对图形很敏感，但对文字有学习障碍，求学时像个皮球一样被许多学校踢来踢去，十几年的求学时期被他形容为"悲惨"和"痛苦"。那时的他感到非常自卑，也很自闭，只有画画能让他感到快乐。朱德庸的父母为他的学习伤透了脑筋，经常被老师叫到学校去，还时常要带着他到各个学校求人收留。幸运的是，朱德庸的父亲从不给他施加学业压力，还经常把裁好的白纸钉起来做成画本，让他自由地画画。

朱德庸的父亲小时候想画画，但被他的爷爷制止了，而朱德庸小时候总拿着笔画个不停的时候，他的父亲没有阻止他，相反却支持了他，就这样，他走上了属于自己的漫画路。成功后的朱德庸回忆这段经历时，对自己的父亲非常感激。对于自己能拥有天赋成就的事业，他说道："社会就是很奇怪，本来兔子有兔子的本能，狮子有狮子的本能，但是社会强迫所有的人都去做狮子，结果出来一批烂狮子。我还好，天赋或者说本能没有被掐死。"

关于天赋，朱德庸有非常精彩的见解："老虎有锋利的牙齿，兔子有高超的奔跑、弹跳力，所以它们能在大自然中生存下来。人也一样。不同的是，很多人在成长过程中把自己的天赋忘了，就像有的人被迫当了医生，而他可能是怕血的，那他不会快乐。人们都希望成为老虎，而这其中有很多只能是兔子，久而久之就成了四不像。我们为什么放着很优秀的兔子不当，而一定要当很烂的老虎呢？"

孩子成功的未来，始于天赋的充分激发。反观现实生活，许多家长过分关注孩子的学习成绩，对于能否上重点中学、名牌大学异常重视，却完全忽略了孩子的天赋。于是，一个个充满灵气的孩子因为不被赏识而心灵蒙尘，在世界的角落里渐失光华。

好成绩与高学历并不能完全保证孩子的将来，对于那些处于天赋休眠期的孩子来说，成绩与学历更是慢慢成为束缚他们取得成功的绳子。假如你愿意花时间辅导孩子的学习，那么你更应该花时间开发孩子的天赋。要知道，只懂争取优秀成绩的孩子其实是牺牲了天赋的觉醒，而那恰恰是成功人生的必备要素。

让孩子保持
获得幸福的特质

幸福特质领跑非凡人生

影片《阿甘正传》的主人公阿甘智力低下，智商只有75，并患有严重的脊柱侧弯。阿甘的母亲并没有对阿甘失去信心，反而处处关爱他，使他在精心培育下成长。童年的阿甘常常受到欺负。有一次，阿甘被几个骑自行车的男孩追打，好友珍妮鼓励他快跑，他奋力地向前跑，甚至连脚上用于支撑的金属支架也散了，跌倒了爬起来继续跑。从此，他摆脱了无法独立行走的困难，展开了传奇的一生。他的奔跑速度成为加盟大学橄榄球队的有力武器，继而他成为全美橄榄球明星，受到肯尼迪总统的接见。大学毕业之后，阿甘参加了越战，在战争中成为民族英雄，得到约翰逊总统亲自颁授的荣誉勋章。在部队医院养伤时，阿甘学会了打乒乓球，并教医院中其他退伍士兵打球，鼓舞他们的士气。之后，他作为外交大使参加与中国乒乓球队的友谊赛，还受到了尼克松总统的接见。后来，阿甘为兑现对死去战友的承诺，买了一条捕虾船，不料生意就此兴旺起来，他就这样成了亿万富翁。

让我们来分析阿甘拥有的获得幸福的特质：他乐观向上，从不为自己的智障和残疾而感到自卑；他锲而不舍，遭受种种困难仍然无畏前行；他认真执着，在橄榄球运动中大放异彩；他友好合群，和身边的人沟通良好，甚至能带给他人正面的力量；他真诚坚定，即使面对以怨报德的人，内心依然豁达坦荡；他正直守信，不忘对战友许下的小小承诺；他勇于打破常规，徒步穿越美国而引领全美的慢跑风尚。

阿甘身上有如此多的闪光点，对于他的成功，你还会觉得讶异吗？

也许你会说，阿甘是一个虚拟的人物，当然可以塑造得很完美，现实中有多少人可以这样呢？事实上，你的孩子可以和他一样成功，甚至能拥有比他更多的幸福特质。

收获幸福特质　赢取成功人生

我们看到的诸多幸福特质，比如勇敢乐观、认真负责、锲而不舍等，是取得成功的核心力量。这些特质就如同肥料一样，滋养着孩子的天赋，使孩子成长为德才兼备、幸福洋溢的人。如果说孩子的天赋如同萤火虫的发光器，那么幸福特质就是发光器中的荧光素，两者共同作用，才能发出人生旅途中的烁烁光芒。由此，我们可以得到定律一：

定律一：成功=天赋+幸福特质

幸福特质并不是孩子一出生就有的，它们来自孩子身上的幸福种子，如果父母懂得在孩子的心灵土壤上用心耕耘，收获的将是百花绽放的幸福特质。让我们来看看，好的教育能赋予孩子多么丰富的人生礼物：

幸福种子

积极自信
优秀品质
快乐求知
专注自制
自理自立
想象创意
逆境向上
和谐人际
理财观念

→ 良好的教育 →

幸福特质

正面思考　勇敢乐观
认真负责　善良诚信
乐于求知　知识丰富
信念坚定　把握机遇
独立自主　慎思进取
敏锐灵活　超越常规
锲而不舍　不畏艰苦
受人欢迎　善于合作
合理收支　财富增值

如果你的孩子拥有这些幸福特质，再加上他的独特天赋，成功就是再自然不过的事。显而易见，幸福种子相当于成功的元素，假设成功是一个多元函数，那么这些元素就是决定成功的变量。由此我们可以得到定律二：

成功元素集U= { 积极自信　优秀品质　快乐求知
　　　　　　 专注自制　自理自立　想象创意
　　　　　　 逆境向上　和谐人际　理财观念

　　细心的你可能会疑惑，怎么成功的元素不包括优秀的学习成绩呢？要说明的一点是，这个定律没有任何主张"读书无用"的意思，而是从另一个角度来看待读书。学习中，最重要的不是成绩单，而是面对学习的态度。一个孩子可能成绩并不拔尖，但是他有着因理想而形成的个人责任感，愿意为自己的成长而主动求知；他不需要依赖你的监督和催促，能自觉、专心地学习；他不畏挫折，能乐观面对学习上的各种困难；他灵活机敏，善于总结经验，寻找更有效的学习方法。这样的孩子，即使成绩再差，我想也没有父母会否定。再者，如果你的孩子能做到这些，你还需要担心他的成绩不能提高吗？更重要的是，孩子长大、进入社会以后，他的竞争力往往在于工作态度、人际关系、逆境智商、创造力等学习成绩以外的东西，而这些需要沉淀和累积的内涵，并不像成绩一样，到学习班补补就能改善。如果你的孩子除了成绩以外没有拿得出手的内在价值，你也就真的只能哀叹"读书无用"了。其实，成功元素和天赋一样，早已植根于孩子的身上，你的孩子完全有能力拥有以上所有的成功元素，它们等待你的唤醒，等待孩子在生活的不断强化中完善成型。换句话说，你的孩子只是等待着成为一个成功的人。从现在起做有远见的父母吧，在孩子10岁之前就为他打好成功的基础，让他能在人生路上快乐前行。

PART 3

自信积极，
快乐的黄金法宝

萧伯纳说："有信心的人，可以化渺小为伟大，化平庸为神奇。"

即使你不企求孩子创立惊人的伟业，只想他过得快乐，自信和积极也依然是幸福的秘诀。

现在有些人，满世界找自信，过得狭隘、焦虑、失落无措。你肯定不愿意让孩子成为这样的人。

与其恐惧孩子自我认同感的崩塌，不如从小就帮他打好自信的基础，让他能以积极的态度面对生活，保持生命的最佳状态，成为"笑到最后"的快乐人。

给予孩子肯定，就是提升孩子的自我价值

自信与自卑的拔河

在孩子的心里，有两种不同的声音——自信和自卑。自卑的声音总是说："你不行，这个你干不了，去做了纯粹被人笑话，别给自己找不自在。"自信的声音总是说："你行的，这完全是你能力范围之内的东西，你做的事会得到别人的肯定。"自卑和自信常常暗中较劲，你争我抢，而如果其中一个在不断的拉扯中逐渐占了上风，往往就成了孩子心中的主旋律。

在现实中，我们很容易发现，自信的孩子各方面都比自卑的孩子更有优势。他们积极主动，敢于表达自

己，勇于探索尝试，学习积极性高，喜欢参与群体活动，容易和他人打成一片。而自卑的孩子依赖性强，没有主见，总认为自己不如人，不喜欢社交，遇事胆小畏缩，缺乏进取精神。

许多父母疑惑了：同样是人，自己家的孩子咋就总是抬不起头呢？殊不知，这"不争气的样子"其实与家庭的影响密切相关。因为孩子并不能准确地判断自己的言行，总是通过别人的反应来决定自己的行为，而关系最为密切的父母，一言一行都影响着孩子自信心的发展。追根溯源，孩子为什么会缺乏自信？父母肯定做了妨碍孩子建立自信的行为。

举个例子，孩子考了80分，许多父母往往就会把注意力集中在另外的20分里，怪孩子做得不够好，甚至骂孩子笨，完全不去肯定那80分的价值。这样，父母明明在心里希望孩子聪明，却"猪头""笨蛋"不离口，又常常拿孩子的短处和其他孩子的长处作对比，无形中助长了孩子心里的自卑。久而久之，孩子就给自己下了定义：看来我就是笨呐，不是读书的料，再怎么学也学不会了。从此，孩子心里的自信之火就熄灭了。不难想象，当老师鼓励同学思考时说："这道题目比较难，需要好好想想。"到了孩子耳中就会马上变为："唉！我这么笨，肯定想不出，算了。"至此，孩子逐步把父母口中的"笨"当做是一条真命题来验证，变得更加不思进取。

孩子的自信和自卑在拔河，而拉扯的绳子正握在父母手中。只懂得否定就等于助长自卑，而懂得赏识却会使自信得以增长。聪明的父母肯定知道，要把力气用在对的地方，为孩子的自信赢得最终的较量。

赏识——照亮孩子自信的心灵

哈佛大学的罗森塔尔博士曾在一所学校做过一个著名的实验。新学年开始时，他让校长把三位教师叫进办公室，对他们说："根据过去的教学表现，你们是本校最出色的老师。因此，我们特意挑选了100名全校最聪明的学生组成三个班让你们教，希望你们能让他们取得更好的成绩。"三位老师都高兴地表示一定尽力。一年之后，这三个班的学生成绩果然排在前列。这时，校长告诉了老师们真相：这些学生并不是刻意选出的优秀生，只不过是随机抽取的普通学生。老师们始料不及，于是认为自己的教学水平确实高。这时校长又告诉了他们另一个真相：当初他们也不是特意挑选的最优秀的教师，同样是随机抽调的普通老师而已。从这个例子可以看出，信任和期望能带给人多么大的力量。在教育中，能赋予孩子这种力量的就是父母赏识的目光。我国教育家陶行知先生也说过："教育孩子的全部秘密在于相信孩子和解放孩子。相信孩子，解放孩子，首先就是要赏识孩子。"

周弘先生把三岁半时还一个字都不会说、雷声震耳都听不见的女儿周婷婷培养成了中国第一位聋人大学生，并在中国培养出一批又一批的早慧聋童。在面对健全儿童的教育中，赏识教育更是让许许多多的学生产生了飞跃的变化。造就这些普通的，甚至是残疾孩子的教育奇迹的奥秘很简单，就是赞赏的眼神、竖起的拇指和肯定的语言。

周弘先生谈到赏识教育时说过："赏识导致成功。"在孩子学说话学走路时，家长都是天生的教育家，本能地看到孩子的优点。孩子发出一个模糊的音，家长就欣喜若狂，孩子学步时走得再不稳，只要能脱离爬行的动作，家长就无比雀跃。就是在这样的快乐鼓舞下，孩子一步步地成长。可是，当孩子长大，家长的目光就只盯在他的缺点上，一次次地摧残孩子的自信。其实，如果家长能像当初那样用赏识的目光看待孩子，孩子必然会越来越自信，也会更积极地追求进步。这就是"赏识导致成功"的原因。

语言决定教育的良性循环

美国电影《师生情》中有这么一幕情景，优秀的白人教师Conroy给长期在种族歧视下长大的黑人孩子上课时说："我相信你是一个好学生。不要紧张，仔细数数老师这只手究竟有几个指头？"这个孩子慢慢地抬起头，涨红了脸，盯着老师的五个指头，数了半天，终于鼓起勇气开口说："三个。"这时，全班同学哄堂大笑。而这位老师却面带微笑说："太好了，你简直太了不起了，只少数了两个。"在老师的鼓励下，孩子的眼睛一下子充满了光亮。这一幕深深地留在周弘先生的脑海深处，也给了他启发。有一次，女儿周婷婷刚学习应用题，十道题只做对了一道。换成其他家长，大概两记耳光早就过去了，而周弘想到的却是鼓励。他诚挚地对女儿说："简直不可思议，这么小的年龄做这么难的题，第一次居然就做对了一道。"周婷婷露出了喜悦的表情："爸爸，你小时候会不会做？"周弘答道："我肯定不会做，像你这个年龄，这么难的题，爸爸连碰都不敢碰。"顿时，周婷婷信心倍增，内心充满了学习的动力。就这样，她仅用三年的时间就学完了小学六年的全部数学课程。

　　教子千过，莫如褒子一长。积极的语言产生积极的效果，消极的语言产生消极的效果。你用什么样的语言和孩子交流呢？是让他自信满满、努力向上，还是让他畏缩不前、失落受伤？商家为了打造有影响力的品牌甚至不惜重金求一句广告词，语言的巨大效应可见一斑。作为言传身教的父母，又岂可不重视和孩子沟通的语言呢？"你怎么老是这样"，对孩子而言，消极而于事无补，"你这样做会更好"却是关怀和帮助。与其说"你真没用"让孩子深陷于挫败感和失落感中，还不如说"继续努力，我相信你能行"让孩子感受理解，鼓起勇气前进。有时父母抱怨孩子不听话，其实他们意识不到是自己的语言中充满消极的否定，让孩子难以拥有产生积极行为的动力。要让教育产生正面的效应，父母的语言就要积极而充满关爱，这样才能使沟通达到良好的效果。

　　一些父母明白要对孩子予以肯定，也这样做了，但是却未必产生相应的效果，这要归根于语言的准确性问题。很多家长运用内心的主观标准对于孩子的行为一律给予"很乖"、"很棒"、"很好"一类的词进行赞赏，孩子无法清晰地确认自己被肯定的地方，而当孩子在一个不恰当的时间或场合重复某个被肯定的行为时，却会从父母那里看到不一样的态度。这样，孩子就充满失望和疑惑："怎么会这样呢？这到底是对还是错？"要让孩子清晰地理解自己的行为，父母首先要表述出赞赏的具体原因。这样，即使孩子的行为不恰当，你能先肯定他的良好意向，再告诉他应该改善的地方，孩子就会认识到不恰当之处，也会更容易接受建议，之后作出相应的良好行为。

　　作为领袖式的父母，不仅要懂得赏识孩子，还要懂得运用积极正确的语言来肯定他，使他的积极意识产生良好行为，良好行为在你的赏识之下又进一步加强孩子的意识，这样逐步形成一种良性循环，你的孩子就能在不知不觉中提升自己的价值。

生活是寻找自信的源泉

体验成功　获取自信力量

在我的早教中心里，让孩子获得成就感是一大互动原则。一个小小的亲子游戏能让孩子感受到乐趣，往往是因为孩子从游戏中享受到成功的快乐。从婴儿期开始就在游戏中有意识地让孩子体验成功，也让他得到肯定和鼓励，这样孩子的自信就能在一次次成功的经历里建立起来。

孩子自信的建立是一个过程，在这个过程里，家长要尽量让孩子自己去探索。当他能依靠自己的力量解除迷惑，达到自己的目的时，内心就会产生成功的喜悦。孩子能做的事情越多，就能从中汲取越多的自信。然而令人惋惜的是，现今很多父母扮演的是"代替孩子成长"的角色，他们认为帮孩子做很多事情是出于对孩子的爱，完全没有意识到自己的做法会让孩子得不到充分的成长，最后反而害了孩子。一件孩子可以做的事情，哪怕是不容易上手，也应让他慢慢地学，逐步掌握，这样孩子才会有成就感，自然很容易建立自信。相反，一件同龄人可以做的事情却要大人代劳，这样的孩子怎么会觉得自己有能力？又怎会找到自信呢？

在生活中，父母不妨按照以下的几个方法为孩子创造获取成就感的机会：

1.明知故问。在孩子学习的过程中，父母常问一些他熟知的内容，让他来回答。比如，"这个字是多音字，你说还有什么念法呀？"此时，孩子就会反过来"教"父母，这不仅增强了信心，学习的兴趣也更浓厚。父母还可以通过这个方法让孩子思考和建立行为规范，如"妈妈明天去上培训课了，上课时要怎样才能学得好呢？"表面上是孩子给父母建议，实际上是强化孩子的良好行为。伴随着成就感而生的心理暗示会给予孩子更持久的影响力。

2.适当求助。在孩子能力范围之内的事情，父母可以让他进行协助或"请求"帮忙。比如，"儿子啊，爸爸的东西掉进柜子后面的缝里了，我的手太大，伸不进去，看来要你出马啦！"在这种情况下，孩子会很乐意帮父母解决问题。在这个过程里，他感受到了自己的重要性，也容易获得成就感。

3.体验努力的过程。父母可以引导孩子做一些需要耐性甚至毅力的事情，在事情完成后给予孩子及时的肯定。比如带孩子去钓鱼、爬山等，让孩子体验坚持所带来的成功，这样的体验不仅能加强孩子的自信，也会使他形成面对挑战、争取成功的努力意识。

父母要善于在孩子成长中起正向强化作用，让孩子觉得"我能行"。他获得的成就感越多，他的自信心就越强。有了这个心灵的发动机，孩子对未来充满自信，自然会离成功越来越近。

交流与学习　建立自我肯定

蒙台梭利倡导的教育理念是：帮助孩子成为他自己。这就是说，最终经历和完成成长的是孩子自己，父母只扮演引导者的角色。这就要求父母仔细观察孩子，和孩子建立良好的沟通，了解他的成长现状，帮助他认识自己的能力并引导他进行改善。

自信心与能力是密切相关的。随着思维发展，在他人的评价以外，孩子也根据自己的能力来进行自我认识。父母如果想巩固孩子的自信基础，引导孩子学习和提高相应的能力是最根本的办法。通过一些工作或任务，可让孩子对自己的能力进行正确的评估。当孩子在这些事情上看到自己的成功，他的精神需求就会得到满足，从而产生成功的情绪体验。这种满足和体验，会使孩子产生自我激励的心理状态，自信就会不断地得到巩固和加强。

在早教中心里，我非常注重孩子能力的培养，同时也要求老师们有针对性地进行引导，这就是常说的"因材施教"。不同孩子的能力发展程度不同，我们对此也应有不同的引导。对于能力强的孩子，我们让他多协助老师和其他孩子；对于能力一般的孩子，我们经常予以鼓励，让他能更好地独立完成事情；至于能力稍差的孩子，老师会给予清晰、具体的指导，也会在过程中给予帮助，让他逐渐取得进步。

通过与孩子的交流，我们知道了他的能力范围，此时要让他得到进步，就要确定恰如其分的目标，让他通过一定的努力就可以达到。一只苹果挂得太高，孩子够不着，肯定没有信心去摘；而苹果挂得太低，孩子又没有采摘的兴趣，因为那太容易得到了，毫无吸引力。我们把苹果挂在"跳一跳，够得着"的高度，孩子就会产生兴趣，也会通过努力的行动获得成就感。父母引导孩子学习知识和技能时遵循这个原则，孩子的能力就能与目标相适应，也能不断地得到发展。孩子看到自己努力的结果时，就会形成自我肯定，自信也就能牢牢地扎根在他心里。

保护孩子的自尊心 远离自卑落后困扰

我曾遇过这样的情况，一个孩子考试成绩不好，家长接回家后一直不停地指责："学习成绩怎么就是上不去？！你根本就没有用心学，一点毅力都没有，再这么下去，你干脆回家，别读书算了……"从停车场走到电梯，再从电梯到楼道，指责声不断，孩子耷拉着脑袋一声不吭，露出无奈而麻木的样子。

在我看来，这对父母犯了两个非常严重的错误。第一，直接攻击孩子的人格。孩子的成绩不好，肯定有主观和客观原因，而在他们眼里，孩子的失利全因为他"不用心、没毅力"，这样的责骂无疑会极大地伤害孩子的自尊，而且会在孩子心中留下伤疤："爸爸妈妈觉得我是个不认真、没有学习毅力的人。"要知道，语言的伤口远比刀剑刺的伤口更难愈合，长此以往，孩子的自信心受创，更不会有学习的上进心了。第二，父母当着别人的面批评孩子。在很多家长看来，"人前训子"是教育之道，在公开场合直接教育训斥孩子，能让孩子"长记性"、深刻反省，进而改掉坏毛病。殊不知，孩子的顺从只是暂时慑于压力，不敢抵抗。这种错误的做法会摧毁孩子的自尊心，很多孩子过后的表现恰恰与父母的期望相反。自尊心受创是逆反心理的来源。父母伤害了孩子的自尊，孩子就把逆反行为作为盾牌与父母对抗。有些孩子的自尊心被践踏无遗，就容易形成"破罐子破摔"的心理："反正你认定我学不好，那我堕落给你看！"这些孩子往往已经难以用语言来进行行为矫正，而把孩子自尊心破坏掉的父母此时又怨天尤人："我到底造了什么孽啊？！你怎么就成了这样呢？"其实，恰恰是父母对孩子自尊心的漠视造成了这样的不良后果。

俗话说："树怕伤皮，人怕伤心。"孩子的自尊和自信是成长的精神支柱，是向上的内在动力。无论处于什么情况，随意诋毁或伤害孩子的自尊心，都是不明智的。一次小小的失误，被父母无限放大。孩子偶尔表现不佳，父母就指责、挖苦，埋怨、讽刺，甚至体罚。长此以往，再好的孩子也会在埋怨指责声和粗暴对待中失去应有的自尊心和自信心，变得越来越自卑，也难以成才。另一方面，中国许多父母爱面子，又想鼓励孩子上进，常常拿孩子做得不够好或欠缺的地方与别的孩子比，这样只会给孩子带来痛苦，让孩子深陷自卑的怪圈，对于他自身的发展毫无益处。

明智的父母应该学会：保护孩子的自尊心，多肯定、鼓励，注意发掘孩子的闪光点，并使之发扬光大。少指责、埋怨，耐心帮助孩子分析失败的原因，鼓励他纠正和克服缺点。不要用别人的长处打击孩子的自尊心，应该抱着鼓励的态度进行引导："你看，他的做法好像不错呢，不如你也试试看，说不定会比他做得更好。"父母应善于激发孩子的自觉性和积极性，使他远离自卑，让他从父母肯定的态度中获取强大的推动力，才能使他不断地完善自我。

PART 4

优秀品质
取决于良好的习惯

有人问一位荣获诺贝尔奖的科学家："你在哪里学到了你认为最重要的东西？"

科学家平静地说："在幼儿园。"

又问："在幼儿园学到了什么呢？"

科学家回答："学到了自己的东西要跟小伙伴分享，不是自己的东西不要拿，不能依赖别人，做人要诚实、勇敢，待人友善，乐于助人，做错事要表示歉意。从根本上说，我学到的全部东西就是这些。"

可见，幼儿时期养成的好习惯可以让一个人受益终生。

优秀的品质是塑造成功的第一级台阶

品质比分数更重要

分数在父母的心目中，似乎永远都是衡量孩子优秀与否的首要因素。尽管我们今天的教育被称为素质教育，可依然呈现"分数至上"的取向。父母每天在孩子耳边叮咛："要努力读书，将来要考名牌大学啊。"在父母寄予厚望的眼神中，孩子只能为了读书而读书，一切只为了分数。

父母应该告诉孩子：不追求分数是不现实的，但我们要追求分数和素质的统一，不能片面追求分数。对待学习和分数要有一个比较理想的态度，不能做分数的奴隶，因为当孩子走入社会之后，真正有意义的是他所积累的知识和运用知识的能力。

教育的目的首先是培养适应社会的人。适应社会首先要具备良好的品质，比如孝顺、勇敢、诚信、宽恕、尊重、善良、进取、负责、谦虚、博爱、礼貌、勤奋等等。良好的品质，是一个人迈向成功的阶梯。

老舍先生写给妻子的信中也曾谈到对孩子们的希望："我想，他们不必非入大学不可，我愿自己的儿女能以血汗挣饭吃。一个诚实的车夫或工人一定强于一个贪官污吏，你说是不是？"如果有一天，你心疼地看着埋首于习题中的孩子，轻声细语地对他说："孩子，你不必非入大学不可。"那么恭喜你，你已经成功跨出了教育的一大步。

孩子应具备的基本优秀品质

孩子优秀的品质是在良好的教育环境中逐渐养成的，从小培养孩子优秀的品质是父母的职责。在成长的过程中，父母要协助孩子不断塑造和完善自我，培养属于自己的优良品质，将来才能以优秀的品质成就非凡的人生。

孝顺——撒下感恩的种子

"百善孝为先"，孝顺是每一个孩子首先应该具备的品质。美国微软公司总裁比尔·盖茨被问到"最不能等待的事情是什么"时，他的回答令人深思："孝敬父母。"也许，我们都有一颗孝顺父母的心，却常常遗忘了孝顺是最不能等待的。

一个懂得孝顺的人才会懂得感恩，把对父母的爱延伸至社会，才会成为一个真正成功的人。

勇敢——面对困难，勇者无畏

勇敢常常跟自信联系在一起，与成功息息相关。

一个很典型的例子：在美国，无论是街道两旁还是宽阔的广场上，都有很多孩子在玩滑板，他们在很高的台阶上跃上跃下，令看的人胆战心惊。然而这种滑板游戏在中国并不常见，因为中国父母并不鼓励孩子玩这种难度高又极具危险性的游戏，这种对孩子的过度保护彻底抑制了孩子的挑战和冒险精神。久而久之，孩子渐渐丧失勇敢的信念，造成性格上的缺失。我们当然不鼓励孩子随意冒险，但要鼓励孩子有一定的冒险精神，要勇敢面对困难，对自己要有信心，这是十分重要的。

尊重——尊重别人就是尊重自己

美国父母认为，孩子从出生起就是一个独立的个体，有自己的意愿和个性，即使是父母也没有特权去支配或者限制孩子的行为。看看他们是如何尊重孩子的：认真倾听孩子的话，必要时还会蹲下来和孩子对话；不用命令的口吻要求孩子；以孩子的意愿为主，不逼孩子做不喜欢的事；不在人前教子，不斥责孩子"不争气"、"没出息"、"笨蛋"……美国父母认为不尊重孩子是对孩子心灵的一种伤害，而这种伤害是终生的。

心理学家研究发现，孩子受到父母尊重后的良好表现有：合作能力强，待人友善，独立意识强，做事果断，有责任心。因此，父母要灌输给孩子这样一种生活态度：以你期望别人待你的方式去待人！尊重别人才能赢得别人的尊重！

善良——世界通用的语言

有些父母心存疑惑：孩子太善良了会不会吃亏？于是父母总会这样教育孩子：不吃亏就是保护自己。这样的教育为孩子的心灵竖起了坚固的壁垒，无形中也在孩子心里种下了自私、冷漠、无情等性格因子，让孩子离善良越来越远。

接触到社会阴暗面是不可避免的，但是孩子在成长过程中会逐渐熟悉社会规则和人情世故，自会明辨是非。一味将孩子与"丑恶"隔离，事实上也将他们隔离于"美"之外，使他感受不到助人为乐的成就感和无私奉献的满足感，不利于孩子人生观和价值观的发展。善良是一种世界通用的语言，是人性的闪光点，它与爱一起成为整个社会帮助弱势群体的主流思想。父母的职责就是帮助孩子明辨是非，坚定地与善良和正义为伍。

诚信——人生最宝贵的财富

2006年，某市对上千名小学生、初中生和高中生做了一份关于诚信度的调查，调查结果显示：小学生的诚信指数高于初中生，初中生的诚信指数又高于高中生。很明显，随着年龄的增长，学生的诚信指数呈现负增长。

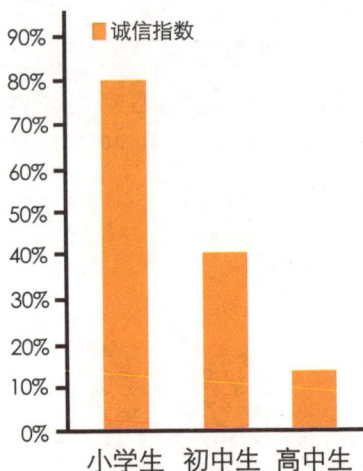

为什么孩子越大诚信越差？这是一个值得反省的问题。谁也不希望自己的孩子长大后是一个言而无信的人，但前提是，父母的诚信指数有多高？这是一个诚信缺失的年代，从小教育孩子讲诚信显得尤为重要。诚信是人生最宝贵的财富，父母要先将这笔"财富"交给孩子，才能让他创造出真正的财富。

宽恕——让孩子散发紫罗兰的香气

紫罗兰把它的香气留在那踩扁了它的脚上。这就是宽恕。——马克·吐温

宽恕是一种难能可贵的品质，表现为对他人犯下的过错既往不咎，用宽大的胸怀包容一切。宽恕是孩子心智健康发展的一大指标，是未来建立良好人际关系的重

要因素。宽恕作为一种品质，就如同紫罗兰的香气，永远留存在孩子的心里，对孩子的未来具有深远的影响。

　　宽恕品质并非与生俱来。父母在教育孩子的过程中，要不断融入自己的爱，才能让孩子拥有一颗宽恕之心。

进取——做命运的开拓者

　　每个成功人士都有一个特点：开拓进取。父母要如何培养孩子的进取心呢？首先，不断制定小目标，激发孩子的自信。心理学家指出，成功的行动容易使人产生积极上进的情绪，而失败的行动容易使人产生消极退缩的情绪。有目标，才有前进的方向。其次，鼓励孩子面对困难，培养他们的成功意识。经历过挫折取得的成功更令人有进取心，并对未来充满斗志。最后一点是父母时常忽略的，那就是适当的赞美。赞美会使我们的教育变得更加幸福，让孩子的心变得更加睿智，从而激励孩子不断进取，博得更多的赞美。

负责——成功的必备条件

　　负责是一个人具有责任心的表现。有责任心的孩子能够对自己所做的事负责，体谅父母，关爱他人，并且内心会产生一种强烈的行为动机，促使孩子积极主动地去解决问题，而不是一味地依赖父母、退缩畏惧。孩子的责任心不是突然出现的，是随着孩子的成长而不断养成的。父母要培养孩子的责任心，首先要学会放手，改正对孩子的溺爱行为，让他做自己力所能及的事情。

言传身教，父母是最好的榜样

教育孩子，一定要讲究方法。父母的身教是教育中最基本的方法。在孩子面前，父母就是一面镜子，一言一行都被孩子看在眼里，记在心上。即便是不经意的一个动作或者一个容易被忽视的细节，孩子都会牢记于心。

家庭是孩子第一所学校，更是终生的学校；父母是孩子第一任老师，更是终生的老师。所以，千万别小看家庭教育对孩子的影响力。

如果你希望孩子是个孝顺、勤劳、勇敢、善良、诚信的人，那么请先检查一下自己的行为：你自己是否孝顺父母？是否勤劳？遇事是否勇敢？为人是否善良？对待他人是否言而有信？你做出的任何一个行为，对孩子都是一种教育。

父母对孩子的教育如同春风化雨，润物无声。俄国著名作家托尔斯泰有句名言："全部教育或者说千分之九百九十九的教育都归结到榜样上，归结到父母自己生活的端正和完善上。"家庭教育对于父母来说，首先是自我教育。父母要求孩子做到的，自己首先应当做到。在教育孩子的过程中，父母要重视言传身教，做孩子最好的榜样。

在生活中培养孩子的好习惯

好习惯的养成，源自榜样和训练

习惯对于孩子的生活、学习以及未来的事业都至关重要，习惯一旦养成，便成为一种后天形成的潜意识，对孩子的未来影响深远。教育学家叶圣陶就说过："什么是教育？简单一句话，就是养成良好的习惯。"可见，让孩子养成良好的习惯就是一种最好的教育。

让孩子养成好习惯，主要源于父母的榜样作用，也就是前面谈到的"言传身教"。

如何培养孩子的好习惯呢？

1.从幼儿时期开始训练和培养孩子的好习惯

幼儿具有很强的可塑性，幼儿时期是习惯养成的关键时期。教育学家表示，一个人的重要习惯、倾向、态度多半可以在6岁前培养成功。

2.不断引导孩子养成好习惯，纠正坏习惯

年幼的孩子缺乏对习惯的认知，父母在教育孩子的过程中要不断强调好习惯的重要性，另外要第一时间纠正孩子的坏习惯，要在坏习惯还没有长成参天大树之前，把它们连根拔除。

3.父母要用自己的好习惯去感染孩子

模仿是孩子的一种学习方式，父母是孩子优先选择的模仿对象。父母如果以身作则，拥有良好的习惯，在行为举止上给孩子树立一个好榜样，让孩子接受到良好的家庭教育，孩子自然就会形成好习惯。

4.用好习惯去替换坏习惯

让孩子用好习惯去替换坏习惯，比纯粹让他改掉坏习惯要容易接受。为什么呢？这是"得到"和"舍弃"这两个利益关系在作怪的缘故。前一个是让孩子先"得到"好习惯再"舍弃"坏习惯，后一个是单单让孩子"舍弃"坏习惯，从权衡利益的角度来说，任谁都会选择第一个。

有助于孩子走向成功的好习惯

德国著名天才卡尔·威特的父亲认为，好习惯是人在神经系统中存放的资本，这个资本会不断地增长，一个人毕生都可以享用它的利息。

好习惯有助于孩子走向成功。父母可以从以下几个方面去培养孩子的好习惯：

生活习惯	按时睡觉、起床，早晚刷牙，饭前便后洗手，不挑食，不偏食，吃饭要细嚼慢咽，爱清洁，讲卫生，做事情要有条理等。
劳动习惯	自己能做的事情自己做，整理自己的房间，帮助父母扫地、倒垃圾、择菜、洗碗、擦桌子等。
学习习惯	提前预习，上课专心听讲，课后复习，不懂的问题就要问，勇于改正错误，培养阅读的兴趣，合理安排时间，珍惜时间等。
道德习惯	自觉遵守社会行为规范，积极向上，尊老爱幼，团结友爱，爱护公共财物，保护大自然的一草一木，遵守交通规则等。
文明礼貌习惯	使用文明礼貌用语，如"你好"、"请"、"谢谢"、"对不起"等；言谈举止要礼貌；学会倾听，不随便打断别人讲话；见到熟人要主动打招呼；不乱翻别人的物品；在公共场所不要大声喧哗等。
思维习惯	善于观察新事物，勤于思考，独立解决问题，有创新精神和创新能力等。

这些习惯都是孩子在生活中需要培养的，我们可以从中提炼出八大成就梦想的好习惯：善于管理情绪，善于沟通，结交朋友，充满自信，守时惜时，勇于尝试，具有创造性思维，懂得规划人生。

101

纠正孩子的坏习惯，父母要有毅力

找出不良习惯的根源

管理学上有一个著名的"木桶理论"：一只木桶盛水量的多少，并不取决于桶壁上最长的那块木板，而是取决于桶壁上最短的那块。一个人的发展也是一样，决定命运的往往是一个小细节，这个小细节有可能就是人的一个坏习惯。

当孩子的坏习惯越来越多时，父母往往只会要求孩子改正它，而不去分析孩子养成这些坏习惯的根源。如同观察一棵枝繁叶茂的树，父母往往只看到朝四面八方伸出的枝叶，却忽视了深埋在地底下的根——坏习惯产生的根源。

要成为领袖式父母，必须具有敏锐的洞察力，即透过现象看本质，学会用心理学的视角来归纳和总结孩子的行为表现。

现象（孩子的坏习惯） **本质**（孩子的心理情绪）

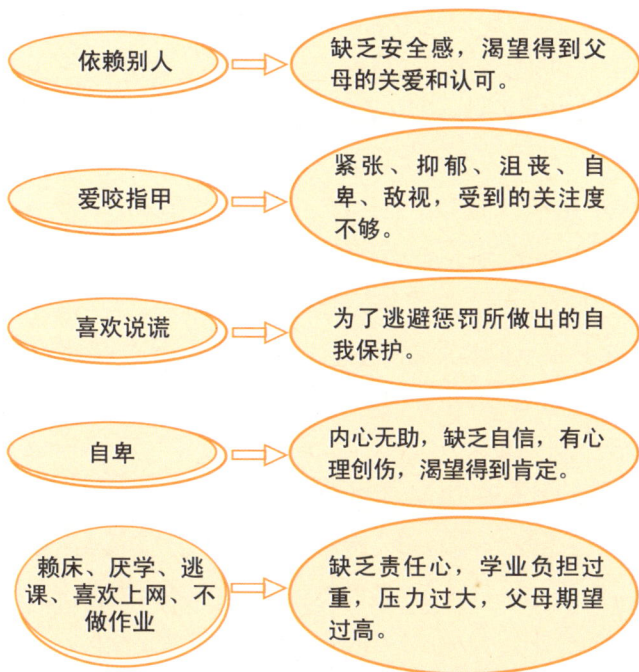

依赖别人	⇒	缺乏安全感，渴望得到父母的关爱和认可。
爱咬指甲	⇒	紧张、抑郁、沮丧、自卑、敌视，受到的关注度不够。
喜欢说谎	⇒	为了逃避惩罚所做出的自我保护。
自卑	⇒	内心无助，缺乏自信，有心理创伤，渴望得到肯定。
赖床、厌学、逃课、喜欢上网、不做作业	⇒	缺乏责任心，学业负担过重，压力过大，父母期望过高。

孩子的每一种坏习惯都有其产生的根源，父母要细心观察，追根究源，才能"对症下药"，彻底纠正孩子的坏习惯。

改掉坏习惯是一个漫长的过程

美国心理学家研究发现，养成一个习惯需要21天。也就是说，同一个动作重复21天就会变成习惯性动作，坏习惯就是这样形成的。所谓"江山易改，本性难移"，要改掉坏习惯不是三天两天就能解决的事，它需要一个过程。

坏习惯形成的时间越久，改正的难度就越大。但是行为学家认为，任何坏习惯都是可以改变的，只要敢于尝试，不去考虑失败的因素，将注意力集中在孩子每天的一点点进步上，改掉孩子的坏习惯是可以做到的。

帮助孩子改掉坏习惯有三个基本步骤：第一，让孩子意识到他的坏习惯。当孩子出现抠鼻子、睡懒觉、乱撒娇、骂人、说谎等坏习惯时，父母要及时指出来，强化"这是坏习惯"的意识，孩子的脑海里就会分辨出哪些是好习惯、哪些是坏习惯。第二，帮助孩子记录坏习惯。心理学家建议拥有坏习惯的人将坏习惯记录下来，这样做会加强他对坏习惯的认识。父母留心观察并记录下孩子的坏习惯，然后和孩子一起分析讨论产生这些坏习惯的根源，将有助于改正孩子的坏习惯。第三，教育孩子用习惯去克服习惯。一旦寻找到孩子坏习惯的根源，下一步就是找出一个好习惯去替换这个坏习惯，实际上就是用好习惯去克服坏习惯。

对于孩子的坏习惯，父母不能操之过急，需要有毅力、有耐心，让孩子逐渐改正。不可妄图把孩子所有的坏习惯一次性改掉欲速则不达，应该集中力量帮助孩子先改掉其中一个坏习惯，循序渐进，持之以恒，让孩子渐渐改掉所有的坏习惯。

习惯塑造性格，性格决定命运

孩子性格的完善需要父母更多的肯定

一只蝴蝶在巴西轻拍翅膀，有可能在美国的德克萨斯州引起一场龙卷风，这就是混沌学理论中的"蝴蝶效应"。一个不经意的动作都有可能改变人的一生，那么一个人的习惯和性格对他的命运影响力也就可想而知。

"播种一种性格，收获一种命运。"这是很多人都信仰的成功教条之一。在塑造孩子性格的过程中，有一个因素至关重要，那就是父母的肯定。当孩子完成了某件很得意的事情，兴高采烈地向你邀功时，你是泼他冷水还是及时肯定他的成功？教育专家提出，父母的肯定对孩子成长的影响，远远超过我们的想象。

美国成功学祖师拿破仑·希尔小时候很顽皮，家人和邻居都认为他是一个坏孩子。母亲去世后父亲又娶了一个妻子，当父亲向继母介绍他时说："这就是拿破仑，希尔兄弟中最坏的一个。"但是，拿破仑的继母温柔地说："这是最坏的孩子吗？完全不是。他恰好是这些孩子中最伶俐的一个，而我们所要做的就是帮他把自己具有的伶俐品质发挥出来。"在继母的肯定和鼓励下，拿破仑改正了自己的缺点，并发奋学习，变成一个全新的拿破仑·希尔。后来，拿破仑在他的著作《人人都能成功》中感慨道："我的继母造就了我。因为她深厚的爱和不可动摇的信心激励着我，使我努力成为她相信我所能成为的那种孩子。"

即使所有人都否定你的孩子，你都应该去肯定他、赏识他、赞扬他、支持他、鼓励他、信任他，这就是领袖式父母该具备的素质。

来看看这样的场景：孩子数学考试又不及格，只得了58分，而上一次是50分。作为父母，你的第一反应是什么？

批评、责备、打骂、埋怨孩子，这是绝大多数父母的反应。其实父母完全可以这样跟孩子说："看，你已经很努力了，一下子就提高了8分，这可是一大进步啊！如果你坚持不懈，每次都能提高8分，那可太厉害了。"只要父母能够着眼于孩子的每一个进步，肯定孩子的努力，不断鼓励孩子，注重赏识教育，孩子定能一步步迈向成功。

帮助孩子释放成功的正向能量

人的身上有两种能量：一种是正向能量，一种是负向能量。正向能量能让你自信乐观，坚强勇敢，走向成功；而负向能量则会让你悲观失望，踌躇不前，走向失败。

一个人可以具有很多的正向能量：

- ◆ 积极
- ◆ 自信
- ◆ 知足
- ◆ 乐观
- ◆ 勇敢
- ◆ 爱心
- ◆ 善良
- ◆ 诚信
- ◆ 进取
- ◆ 合作
- ◆ 宽容
- ◆ 热心
- ◆ 负责
- ◆ 礼貌
- ◆ 认真

父母都希望孩子有一个美好的前途，成就非凡的人生，过幸福的生活。无论父母以什么方式教育孩子，目标都应是：培养孩子良好的性格，帮助孩子释放成功的正向能量，引领孩子走向成功。

PART 5

游戏是快乐的学习，
学习是求知的游戏

学习有两种状态：一种是痛苦的学习，一种是快乐的学习。

你一定会为你的孩子选择第二种学习状态。

游戏，对孩子来说就是快乐的学习。

在游戏中寻找到适合自己的学习方法，这就是寓教于乐的秘诀。

端正学习态度，掌握学习方法，学习就会像呼吸一样自然。

从零开始早期教育

游戏与八大智能的全面发展

游戏，是开发孩子智能最好的方法。对于不爱学习的孩子来说，游戏更是他们绝佳的学习方式。鼓励孩子在游戏中学习，在游戏中成长，是幼儿时期重要的教育方式。游戏既可以促进幼儿身体生长，又可以促进八大智能的全面发展，属于快乐的学习方法。0～6岁是八大智能发展的关键期，因此从小开始，父母就要设计好开发孩子智能的各种游戏，以实现智能全面开发的目标。

游戏与语言智能的发展

推荐游戏：a. 故事接龙：和孩子一人说一句话，
　　　　　　　　串联成故事。

　　　　　　b. 念儿歌，唱童谣。

在游戏过程中，孩子喜欢模仿父母的动作、表情以及言语，从而刺激语言智能的发展。语言交流是培养语言智能的良好方式，能增强亲子间的感情。父母要善于将平淡的生活变成有趣的游戏，在生活中增加孩子听、说、读、写的机会。

游戏与数学逻辑智能的发展

推荐游戏：a. 棋类游戏。　b. 走迷宫。

将数学知识渗透在游戏中，使抽象的数学与游戏情境结合起来，让孩子在玩的过程中感受数学的乐趣，轻松学习数字、分类、比较、运算等基本的数学能力，不断感受数学、理解数学、运用数学。

游戏与视觉空间智能的发展

推荐游戏：a. 拼图。　b. 画画。　c. 搭积木。

拼图主要是培养孩子的逻辑推理能力以及视觉判断能力。画画可以让孩子体验到不同色彩搭配所呈现出来的效果，以及线条的柔美或刚健，孩子可以借由色彩、线条、图案来表达内心的想法和情感。搭积木可以培养孩子对空间设计和建筑结构的初步探索，有助于发展视觉空间智能。

游戏与肢体运动智能的发展

推荐游戏：a.模仿动物走路　b.玩橡皮泥

"模仿动物走路"这个游戏对发展孩子的智能是多方面的，孩子不仅活动了肢体，还了解了各种动物的特征，锻炼了记忆力。玩橡皮泥可以带给孩子很多乐趣，用橡皮泥捏成各种有趣的小动物、几何形状，训练了孩子的想象力和肢体运动能力。

游戏与音乐智能的发展

推荐游戏：听音乐拍拍手

在生活中营造一种音乐气氛，可以陶冶孩子的性情。当孩子玩游戏的时候，播放一些轻柔优美的音乐，同时跟孩子一起玩拍手游戏，可以训练孩子的节奏感，培养他对音乐的感知力和领悟力。

游戏与人际智能的发展

推荐游戏：角色扮演

角色扮演游戏为孩子提供了模仿和想象的空间，通过对角色的扮演再现现实生活中的情境，体验人与人之间的关系，为形成良好的人际交往能力打下基础。孩子在游戏中学习从他人的角度看待问题，还需要和别人共同合作，协商由谁扮演什么角色，在潜移默化中发展人际智能。

游戏与自然观察智能的发展

推荐游戏：观察大自然的变化

自然观察智能更注重在大自然、户外这些特定环境中观察各种生命形态，如树叶、石头、泥沙、花鸟虫鱼……凡是大自然之物都能激发孩子的好奇心和求知欲。观察大自然中的现象和变化，有助于培养孩子敏锐的观察力和探索自然的能力，促进自然观察智能的发展。

游戏与内省智能的发展

推荐游戏：自画像

给孩子一支笔、一张纸、一面镜子，让孩子用笔画下镜子中所看到的自己的模样，观察自己的面部表情，同时将喜怒哀乐等情绪用笔表现出来。通过这个游戏，可以让孩子了解自己的长相、情绪，从而进一步掌握自己的内心世界，加强自我管理能力，充分激发孩子的内省智能。

在游戏中培养好的学习习惯

在游戏中寻找一种适合自己的学习方法，这是培养良好学习习惯的最佳途径。

2008年，一首充满浓郁中国风的歌曲《青花瓷》风靡大江南北，短时间内传唱率暴涨，尤其在学生群中引起了巨大的轰动。随后，有人制作了一首化学版《青花瓷》，将化学原理写成歌词在网络上走红。

化学版《青花瓷》歌词：

白色絮状的沉淀 跃然试管底
铜离子遇氢氧根 再也不分离
当溶液呈金黄色 因为碘酸钾
浅绿色二价亚铁把人迷

电石偷偷去游泳 生成乙炔气
点燃后变乙炔焰 高温几千几
逸散那二氧化碳
石灰水点缀白色沉底

苯遇高锰酸钾 变色不容易
甲苯上加硝基 小心TNT
在苯中的碘分子紫色多美丽
就为萃取埋下了伏笔

电解池电解质 通电阴阳极
化合价有高低 电子来转移
精炼了铜铁锌锰镍铬铝和锡
留下阳极泥

稀释那浓硫酸 浓酸入水滴
沿器壁慢慢倒 搅拌手不离
浓酸沾皮肤立即大量水冲洗
涂抹上碳酸氢钠救急

甘油滋润皮肤 光滑又细腻
熟石灰入土地 酸碱度适宜
看酸红碱紫的试纸多美丽
你眼带笑意

化学名字、原理、方程式等既枯燥又晦涩难懂，远比古代诗词要难背得多，令很多学生对化学"敬而远之"，提不起学习的兴趣。而这首化学版《青花瓷》将难记的化学知识以歌词的形式填入熟悉的曲调中，枯燥的化学知识娓娓唱出，成为一种极佳的学习方式。

看电视、上网、玩游戏、听音乐、唱歌等娱乐活动对孩子来说都是游戏，而父母认为这些都是玩物丧志的活动，不由分说地剥夺了孩子享受快乐的权利，同时也抑制了孩子智力的发展。

对孩子来说，任何一种娱乐活动、游戏都是一种学习方式，在轻松的游戏中更易获得学习的灵感，这就是教育上一直倡导的"寓教于乐"。化学版的《青花瓷》就是一个很好的学习例子。父母应该用乐观的态度看待孩子的游戏方式，把握游戏的"度"，让孩子在心情愉悦的状态下学习，找到适合他的学习方法，才能培养出良好的学习习惯。

每一个孩子都能创造出属于他自己的《青花瓷》，只要你相信！

让学习与快乐同行

兴趣才是最好的老师

教育不是灌输知识，而是培养兴趣。一个人对某件事情缺乏热情，就不可能把事情做好。同样，如果孩子对学习不感兴趣，就会产生厌学情绪，认为学习是一件枯燥乏味的事情，是一种负担。比如孩子不喜欢英语，那他的英语一定学不好，所以，缺乏对学习的兴趣是造成厌学的根本原因。

著名物理学家杨振宁教授说过：成功的秘诀在于兴趣。兴趣是孩子求知的内在动力，父母要牢记这一点。对学习感兴趣的孩子，学习积极性很高，不断强化自己的求知欲望，主动阅读相关的课外书籍，时常总结自己的学习经验，并能快速有效地掌握知识和技能，获得良好的学习效果。而那些缺乏学习兴趣的孩子，学习上很被动，喜欢敷衍了事，易产生消极情绪，学习对他们而言是一项苦差事。

兴趣实际上是为了满足人心理上的某种需要，在好奇心和求知欲的驱使下发展起来的，同时伴随而来的是快乐、满意、激动等积极情绪。兴趣满足了人的某种需要之后，反馈给人的是一种满足感，反之，当新的需要产生时，兴趣也得到了丰富和发展，所以兴趣的培养有一个模式：激发——满足——再激发——再满足。这是一个不断循环的过程，也体现出了兴趣与成功的关系。

我们已经知道，兴趣是最好的老师，是成功的钥匙。但问题是，如何培养孩子的学习兴趣呢？美国成人教育之父戴尔·卡耐基提出了几种激发兴趣的方法，这里介绍两种典型的方法。

兴趣暗示法。这种方法适用于任何一门孩子不喜欢的科目，比如：

学习讨厌的数学时，让孩子暗示自己：数学很简单的，我对数学产生兴趣了。

学习讨厌的英语时，让孩子暗示自己：英语很有意思，我开始喜欢英语了。

孩子用暗示的方法鼓励自己学习，久而久之，这些语言就会深入潜意识，自然就产生兴趣了。兴趣暗示法的精髓是：在无法改变科目的情况下，只好改变自己的学习态度，用另一种方式去享受学习的乐趣。

兴趣迁移法。当孩子面对不喜欢的科目或者完全对学习厌倦时，可以尝试运用这种兴趣迁移法，即利用自己对其他科目的兴趣来带动不感兴趣的科目，用其他愉悦的活动来带动自己的学习热情。例如产生厌学情绪时，让孩子想象一下做喜欢的事情时的情景，使心情愉悦起来，然后将这种愉悦的心态迁移到学习上来，马上进入学习状态。

找到孩子最佳的学习方式

如果问孩子"你的学习方式是什么"，也许会得到以下各种答案：

——多听、多读、多记，注意劳逸结合，把学习当成一种乐趣。

——平时努力学习，考前认真复习，考试全力以赴，考后认真总结。

——预习，专心听课，做好课堂笔记，复习，独立完成作业。

由于每个孩子的基础不同，兴趣不同，性格不同，学习方式也就各不相同。父母要培养孩子对有效学习方式的掌握能力，让他找到适合自己的学习方法。

有这么一则寓言故事：一只生活在井里的青蛙非常向往大海，于是请求大鳖带它去看海，大鳖欣然同意。来到海边，青蛙见到一望无际的大海惊叹不已，欲跳入海时却被一个大浪打回沙滩。大鳖提议让青蛙趴在自己的背上，带着它游海，一蛙一鳖在海上漂浮着，青蛙乐极了，它们在海上玩得很开心。不久，青蛙又渴又饿，可海水又苦又咸，又找不到虫子吃。青蛙懂了：大海虽好，却不适合它，小小的井才是属于它的乐土。

井底之蛙都知道要选择适合自己的生活环境，同理，学习方式无好坏优劣之分，只有适不适合，适合孩子的才是最好的。有些孩子喜欢独自一人学习，有些喜欢和其他伙伴一起学习；有些孩子早上的学习效率高，有些则在晚上才能集中精力学习；有些孩子学习时需要安静的环境，有些则边听音乐边学习……当孩子找到适合他的学习方式时，父母要尊重孩子的这种学习方式，让孩子快乐地学习。

学习是快乐而不是负担

有人在网上针对初中生做过一个调查：学习是为了什么？500名学生对此调查进行了投票：

- 实现自我价值，报效祖国　32票
- 找份好工作，过幸福的生活　302票
- 为了父母而学习　110票
- 为了满足好奇心，探索新知识　15票
- 不知道，没有目的　41票

投票结果显示，大多数孩子学习只是为了找到一份好的工作，不辜负父母的期望，而真正为了兴趣而学习的少之又少。

著名教育家陶行知先生在课堂上做过一个实验：他把一只大公鸡放在桌子上，抓起一把米给它啄，公鸡惊慌得不肯啄。于是他强按住公鸡的头强迫它吃米，公鸡拼命往后退，就是不吃米。他干脆掰开公鸡的嘴，把米硬塞进去，公鸡使劲挣扎，还是不吃。最后，他松开手，后退几步，公鸡慢慢靠近米粒，啄起米来。

陶行知先生就是要告诉所有教育工作者：强迫孩子学习，他是不会快乐的。当孩子的书包越来越重，晚上做作业的时间越来越长，你还认为孩子是快乐的吗？

为什么孩子热衷于打篮球、踢足球、听音乐、玩游戏，即使玩得再累，甚至精疲力竭、肌肉酸痛，依然觉得很快乐？因为他对这些游戏是发自内心的喜爱，是兴趣所在，故而能全身心地投入，用一种快乐的心态参与游戏，然后获得更大的快乐。

其实学习本身也是一件快乐的事情，和游戏一样，可以让孩子从中体验到快乐。例如孩子学走路、学说话，通过各种有趣的早教游戏轻松掌握多种能力，对孩子来说是一种成就，更是一种快乐。我们要提倡快乐学习，把孩子从过重的课业负担中解放出来，引导他轻松、快乐、自主地学习和成长，这样，教育才变得有意义。

求知人生全新定位

好成绩 ≠ 成功的未来

有三个孩子：

第一个孩子：整天游手好闲、不务正业，父亲经常训斥他："你除了打猎、玩狗、捉老鼠，别的什么都不管，你将会是你自己和整个家庭的耻辱。"

第二个孩子：功课非常糟糕，父亲认为他毫无前途，报考美术学院接连失败，第三次报考时更是被人讥讽道："此生毫无才能，继续报考，纯属浪费资源。"

第三个孩子：4岁才学会说话，7岁才学会写字，上学后老师给他的评价是："智力迟钝，不守纪律，思维不合逻辑。"最后还被退学了。

这三个孩子分别是达尔文、罗丹和爱因斯坦。

学习成绩的好坏并不能决定一个人的未来，更不是衡量成功与否的唯一标准。2008年，英国的一项研究报告进一步对这个论点提出了新的论证。这项研究报告是由英国特许教育评估所（Chartered Institute of Educational Assessors, CIEA）做的，报告显示：多达77%的人相信，以前的考试成绩没有反映出他们的真正才能，就是说学校考试并不意味着对一个人真实能力的测量，也不能用作预示未来成功与否的工具。

学习态度至上

美国哈佛大学罗伯特博士曾做过一项关于"态度"的实验，实验对象是三组学生和三群老鼠，实验内容是让老鼠通过迷宫到达终点吃干酪。

他对第一组学生说："你们真是太幸运了！因为你们将跟一群天才老鼠在一起做实验。这些聪明的老鼠将迅速通过迷宫抵达终点吃到干酪，你们要多准备一些干酪放在终点。"

他对第二组学生说："你们将跟一群普通的老鼠在一起做实验。它们既不聪明也不愚笨，不过最后还是会摸索着走出迷宫抵达终点，但它们智能平凡，所以期望不要太高。"

他对第三组学生说："很抱歉，你们将跟一群愚笨的老鼠在一起做实验。做实验这群老鼠很笨，根本不可能通过迷宫抵达终点，所以你们可以不用准备干酪。"

实验结束后，结果出来了：第一组的天才老鼠果然迅速通过了迷宫，全部抵达终点；第二组的普通老鼠花了两倍的时间到达终点；而那一组愚笨老鼠则只有一只通过迷宫到达终点。显然，实验结果完全符合大家的期待，学生都感到很满意，罗伯特博士却说："其实根本就没有天才老鼠和愚笨老鼠，他们都是同一窝出生的普通老鼠。"

罗伯特博士对学生的心理暗示，实际上影响了他们的态度，导致三群老鼠的表现出了天壤之别。可见，态度具有一种魔力，它能产生神奇的力量。

态度决定一切，一个人的态度，决定他的高度。学习要具备良好的态度，这一点的重要性在孩子出现偏科现象

123

时尤为明显。有些孩子对待弱势学科的态度是"不想学",导致成绩越来越差,而有些孩子认为只要努力就能学好,持"我想学"的态度,最终学好了弱势学科。两种不同的学习态度,产生了两种截然不同的学习效果。可见,学习态度制约着学习效果。

父母在学校教育中的角色

教育孩子是一项精细的工程,需要依靠家庭教育、学校教育和社会教育共同完成。父母是家庭教育中的灵魂,这点毋庸置疑,但是在学校教育中父母该充当什么样的角色呢?

子女在接受学校教育的过程中,会结成各种各样的社会关系,父母在学校教育中的角色(Parent's Role in Schooling)就是指父母在这些关系中处于什么样的身份和地位,以及由此而产生的行为规范和行为模式的总和。

在美国,在学校如何教育和对待孩子的问题上,美国父母扮演的角色很多,具有询问、质疑、建议、要求以及参与的权利,而不是一味处于旁观者的位置。

美国父母在学校教育中扮演的角色有:

学习者:学习如何教育子女。

支持者:支持教师对孩子的教育,包括提供教具和所需设施、信息。

主动参与者：参与对学生的评价、课程改革、学校日常事务、学校教育管理等。

决策者：学校各种政策、活动的决策，包括决策的提议、形成、执行、监督等，父母都参与其中。

而中国的父母基本上只扮演学习者和支持者的角色，不直接参与教学和教务活动，所以在教育孩子的问题上往往比较被动。

假如你的孩子在学校里上课喜欢讲话，下课跟同学打架，老师只好把你请到学校，要你回家好好管管孩子。这个时候，你会怎么做呢？大多数父母的做法通常是回家对孩子苦口婆心地说一堆大道理，叮嘱他以后在学校里要老实一点。

在这一点上，中国父母应该多学习美国父母的"主动参与者"角色，和老师一起携手解决这个问题。你可以对老师说："那我们应该怎样来帮助我的孩子呢？"然后跟老师探讨各种方案，力求找到一种最合适的教育方法。

主动思考"老师应该怎么做才能更好地教育我的孩子"，然后将自己的想法跟老师交流，建议老师在学校里如何配合，有时候老师还会从专业的角度给出建议，最后形成一个比较有效的教育孩子的方案。这才是父母在学校教育中应该扮演的角色。

PART 6

专注力与自制力
决定人生成就

在这个世界上，有不少平凡的人成功了，而许多聪明的人却还看不到失败的尽头。

这并不奇怪，因为平凡人若能专注于一个领域，持之以恒，也能最终到达成功的彼岸；而那些智力超凡的人若毫无目标，终日四处涉猎，最后却只会一无所获。

专注与自制是善始善终的咒语，让你的孩子早日领悟这一魔法，他就能召唤出成就辉煌人生的强大灵魂。

集中注意力，发展自己的世界

认识专注力的本质

专注力又称注意力，是指一个人专心于某一事物或活动时的心理状态。

对于孩子来说，他受到外界许多事物的刺激和吸引，兴趣很容易被激发，但孩子难以用意志进行支配，最终反而不能自由地对各种事物进行选择，把自己的心思集中在特定的事物上。蒙台梭利指出，儿童能集中注意力是心智走向成熟的一个重要标志。专注力的培养是儿童教育中最重要的内容之一，是他整个性格形成和社会行为的基础。一旦孩子集中自己的注意力，他就会沉下心来，安排自己的世界，这就如同指南针为我们导航一样。

　　在日常生活中，我们能捕捉到一些孩子专心的状态。比如说，孩子自己在玩一件玩具，不停地重复摆弄，完全沉浸在游戏的乐趣中，这时他处于一种放松的状态，也是注意力最为集中的时候。处于这种状态下的孩子是愉悦的，他在关注的事物中找到新鲜感和乐趣，并开始对事物产生热爱。从心理学的角度来分析，孩子是在专注的过程中把自己与世界分隔开，从而获取与世界更好地融合的能力。这样的孩子容易形成平静而坚毅的性格，将来也能以严谨的态度面对工作，能很好地处理与他人的协作关系，形成良好的社会感。相反，有些孩子很容易被周围的人和事影响，稍有变化便会分心，难以集中精神，做事也常半途而废，这对于他个人的学习和成长是十分不利的。

　　从心理学上讲，集中注意力就是把意识集中在某个特定的行为上，处于这种状态中，人就能以很高的效率推动事物的发展。注意力可分为无意注意和有意注意两种。无意注意是事先没有预定的目的、不需要作任何意志努力的注意。比如说，孩子在上课时，窗边有人经过，他会不由自主地转头去看，这就是无意注意。无意注意是由特定的刺激或对人产生直接吸引力的事物所引起的。很多老师在上课的开始，都会先引起学生的好奇心和探究的兴趣，再讲授课程内容，这就是利用了无意注意的原理。相对而言，有意注意是有自觉的目的、需要作出一定努力的注意。这就好比孩子在做功课时，突然听到窗外传来的电视声音，这时候因为无意注意起了作用，注意力就会转移到电视的内容上，而如果他当下想到必须完成学习任务，经过努力把注意力又集中到功课上，这就是有意注意。老师在课堂上合理地设置学习内容，并进行一定的督促，就是让学生保持有意注意。有意注意是孩子从生活实践中逐渐发展出来的，能形成稳定的有意注意，就等于拥有专注力。

在孩子拥有较高的专注力之前，父母要对他进行仔细地观察，当孩子的注意力进入集中的状态时，不要随意打扰他所做的事情，也不要自作主张地"帮忙"，让孩子能在专注的状态下探究事物和处理困难。在这一过程后，父母再以赏识的态度对他的专注进行肯定，比如"能认真地看20分钟的书，真了不起"，"你不用爸爸妈妈监督，就自觉地完成了作业，太棒了！"这样能不断强化孩子的行为，也能使他产生挑战自己的欲望，从而提高他的专注力。

让孩子全神贯注

有不少父母向我诉苦，说自己的孩子做事总是无法专心："没看一会儿书就吵着要看电视，再过不久，又开始拿玩具出来玩了，电视就一直开着，也不看；上课的时候，就是玩玩具也不集中精神，老是盯着别的小朋友看。总之他就是坐不住，整天想到处跑，有点多动症的症状。"

其实，年龄小的孩子，活泼好动是正常的，他们连续集中注意力的时间也与大脑功能的发育程度有关。研究表明，孩子的注意力是随着年龄增长而增长的。3～4岁孩子的注意力可以集中10分钟左右，5～7岁为15～20分钟，7～10岁为20～25分钟。因此，父母对于孩子的注意力是不能过于苛求的，需要耐心地对孩子进行引导。除此之外，孩子的注意力与所注意对象的刺激性有关，是不能一概而论的。比如说，让孩子做作业，他表现出三心二意的样子，但如果让他看喜欢的动画片，情况又会截然不同，孩子变得非常专注，有人叫他他也听不见。这就说明，孩子都有专注的能力，只是没有用到父母期望的事情上。

毫无疑问，兴趣是激发孩子专注力的最有效的因素，但孩子面对的事物不一定都是感兴趣的，让他学会用专注的心面对那些"无趣"甚至乏味的事情，是非常重要的，因为这是认知和学习的必经阶段，也是处理工作的基本素养。如同奥地利文学巨匠茨威格所说："人类的一切工作，如果值得去做，而且要做得好，就应该全神贯注。"期望孩子有所成就的父母，就要重视专注力的养成。要让孩子全神贯注，有三大关键点，分别是简单安静的独立环境、良好的抗干扰能力和适当的注意力训练。

简单安静的独立环境

简单，是指孩子的学习环境简单，书桌上除了必要的文具和书籍之外，不摆放其他杂物，书桌或书桌周围也尽量避免摆放和粘贴容易分散孩子注意力的东西。

当孩子在学习时，父母要尽量安静，但可以保持生活常态。有些父母在孩子学习时小心翼翼，制造过分安静的环境，反而会增加孩子的环境敏感度，时间一长，再小的声音也会对他造成干扰。有时，这样的安静还会让孩子觉得不安，甚至会给孩子带来压力。有些父母在孩子学习时毫不顾忌，大声讲话，要不就是隔三岔五邀人到家里打麻将，这肯定也会使孩子的注意力难以集中。还有一些父母，提供了良好的环境，却又常常用关心来打扰孩子，一会儿送杯饮料，一会儿又送碟点心，老在孩子身边转悠，弄得孩子心烦意乱，难以进入专注的状态。这些都是父母要避免的做法。

在简单和安静的基础上，父母要重视孩子的独立性。现在有不少父母养成"陪读"的习惯，这样十分不利于孩子专注力的养成。父母在陪同学习的过程里，难免指引孩子要这样不要那样，间歇性的语言刺激极容易分散孩子的注意力。除此之外，孩子也会对父母产生依赖性，难以养成良好的学习习惯。最好的做法是，让孩子在规定的合理时间内完成学习任务，把有困难的内容放到最后处理，独立思考后仍然无法解决时再向他人求教。父母还可以引导孩子先细化学习内容，把学习任务分成一个个小目标，在一定的时间内完成。这样孩子就容易做到聚精会神，在每个小目标之间也能得到适当的休息，并能在这个过程中获得成就感。

良好的抗干扰能力

创造好的环境是重要的，但培养孩子的抗干扰能力更重要。拥有良好的抗干扰能力，能让孩子很快地适应千差万别的外界环境，把注意力集中到想做的事情上，这是专注力最直接也是最强大的来源。

尽可能让孩子学会调动各种感官协同活动，比如听着配音看书上的内容，自己一边跟读，一边在纸上抄写，这样，注意力分散的机会就非常低了。另外，可以让孩子学习在受到干扰时进行自我放松。舒适地坐在椅子上，双脚垂直于地面，双手自然下垂，闭上眼睛深呼吸，每次吸气时想象身体的一个部位肌肉绷紧，屏住呼吸几秒，然后在呼气时想象该部位变松弛，从头、颈、躯干到四肢，在较短的时间内就能进入平和集中的精神状态。如果孩子受到自我情绪的干扰，比如心理压力、焦虑、兴奋、恐惧等，父母就要先帮助他处理情绪，再引导他的注意力回到相关的事物上。

父母在日常生活中还可以和孩子玩一些抗干扰的游戏。比如先让孩子用乒乓球拍运球到指定位置，记录所用的时间，重复游戏时父母在旁边制造干扰，看他能否以同样的速度运球到终点。这样的手法也可以运用到学习上，让孩子在受干扰的情况下背诗词或短文章，争取和不受干扰时所用的时间一致。通过亲子游戏来训练孩子抗干扰的能力，孩子主动性强，既容易接受，也能体验与父母互动的乐趣，一举多得。

适当的注意力训练

在蒙台梭利的"儿童之家"里，有为了培养注意力而开设的"宁静课"。在课上，孩子们需要长时间保持安静并停止某些活动，即使是老师叫他们的名字，他们也要安静地跑到老师面前，尽量不碰到桌椅或弄出声音。

父母也可以采取类似的做法来训练孩子的注意力：让孩子在一定的时间内听钟表的声音，也可以在心里默数秒针的滴答声；让孩子在1～2分钟内观察几样东西，然后撤掉其中的一两个，请他说出改变的物件；在孩子前方半米左右放置一件物品，让他注视这一物品1分钟左右，仔细观察物品的特征，然后闭上眼睛在脑中回忆该物品的外观形象，并用语言尽可能详细地描述出来，再对照实物看是否有错。

有时候，父母可以根据孩子的兴趣来进行注意力的训练。比如孩子喜欢听故事，父母就在故事讲完后问他一些故事中的内容或让他复述一次，这样孩子就会有意识地提高自己的注意力，也会增强记忆力。

孩子从3岁开始逐渐形成有意注意，如果父母引导得当，使孩子有意识地调节和控制自己的行动，他的有意注意就能很快稳定并发展起来。在生活中，如果父母能以身作则，保持良好的学习习惯，孩子耳濡目染，也更易于形成专注力。

专注力凝聚坚持　坚持铸就毅力

在日本，有一项令无数社会精英梦寐以求、奋斗一生的至高荣誉，就是"终身成就奖"。有一年，这个全国瞩目的奖项出人意料地颁给了一个普通的邮差。这名邮差名叫清水龟之助，他每天奔走在东京的街头，把各种各样的邮件送到千家万户。与那些从事人文科技研究大力推动社会发展的专家学者相比，清水龟之助的工作可以说不值一提，然而，他的获奖是无可争议的，原因就在于他能25年如一日地坚守自己的工作岗位，认真的工作态度始终如一。在他的邮差生涯中，从未有过请假、迟到、早退、脱岗等情况，他所经手的数以亿计的邮件，无一出错丢失。无论刮风下雨，还是天寒地冻，甚至在大地震的灾难中，他都能及时准确地把邮件送到收件人的手中。

一件平凡无奇的工作，最终变成万众瞩目的成就，这来源于不渝的坚持——世界上最简单也最困难的事。因为坚持，麦哲伦发现了太平洋；因为坚持，徐霞客征服无数崇山峻岭；因为坚持，李时珍为世人留下了医学瑰宝《本草纲目》……持之以恒的精神让无数成功者练就了坚持不懈的毅力，他们从不半途而废，即使面对漫长崎岖的路途，也能依靠自己的力量使人生的列车驶向成功的终点站。

从专注力的养成开始，让孩子拥有坚定的自制力和不懈的意志，这是应对磨砺取得成功的最好武器。以工作细致著称的俄国科学家巴甫洛夫，年经时就对自己的书写严格要求，在强大的专注力下，他写出的字非常工整，和印刷体毫无二致，书写也由此成为他磨练意志的开端。上世纪80年代经历过取得三连冠的女排名将周晓兰，小时候曾因看电影而耽误功课，后来在父亲的帮助下，抵御住电影的诱惑，专注于学习，养成了很强的自制力。长大后的周晓兰，在球场上不畏艰苦，意志坚强，最终和队友一起创造了中国的排球神话。

从小开始，从小事做起，让孩子的专注成为自制的起点，让孩子的坚持成为毅力的来源。在成长的过程中不断得到意志的补给，他就能经得起越来越多的磨砺而你将会看到，当许多人还在成功高峰的山腰处徘徊，你的孩子早已凭着强大的心灵战斗力登顶。

自律守纪，
让孩子"有序"成长

遵守纪律的孩子更能享受自由

提到纪律，很多人会想到"纲法"、"制度"、"服从"、"惩罚"等字眼。对于孩子而言，纪律不同于以上的概念，它更倾向于一种内在的约束力。这就是说，当孩子有自主性能力并选择去遵守一些规则时，他的行为处于自身的管理之下，这就是守纪律的表现。依靠绝对的、不容质疑的命令对孩子做出约束，这并不是纪律，就如同蒙台梭利所说："我们不认为一个人像哑巴一样默不出声和像瘫痪病人一样不动弹才是守纪律，此时，他只是一个失去自我的人，而不是一个守纪律的人。"

事实上，"高压"的做法存在很大的隐患。即使行为是良性的，若孩子的内心毫不认可，只是迫于压力而执行，时间一长容易造成压抑，一旦爆发，不仅会拒绝继续这种行为，甚至会消极看待该行为的价值。比如说，一个小时候十分遵守课堂纪律的孩子，上了中学之后像变了个人似的，故意在课堂上讲话，而且屡教屡犯。这当中可能有多方面的原因，如青春期的逆反心理、自尊心缺失等，但关键原因在于守纪行为的价值没有得到孩子内心的认可，而这个时期渴求独立和自主选择的心理又得到极大的发展，那么在他看来，长期被父母老师强调的"守纪律"只是一种控制他的手段，自然就没有遵守的必要。

要在孩子的意识中建立一种纪律感，必须通过自由才能真正实现。也就是说，父母要尊重孩子个性的发展，在孩子对行为进行选择时，要做好观察者和指导者的角色，帮助他分辨行为的好坏，再通过自己的影响力促使孩子建立积极的纪律感。这样，行为得到孩子的认可，他就会主动地进行这种选择，自然就能形成纪律。比如，父母若只懂得对孩子说"你不能站着"，那么孩子要么盲从，要么还是会"不听话"；而如果父母让他意识到"这时候坐着的确是最好的选择"，那无需期望、命令甚至暴力，孩子就会自愿地听从。这时候的纪律感来自于孩子本身，也是通过他的选择和努力达到的结果。那么，孩子就能产生自律的动机，这个自主选择的过程也令他更愿意遵守秩序。当然，对于孩子的自由选择也需要设立规范；自由是以不破坏别人的自由为原则的。

孩子在父母的尊重和引导下形成的纪律，因为建立在自由的基础上而变成快乐的纪律。从这个意义来说，孩子更能享受自我约束带来的好处，因为这样的纪律本身就是一种极大的自由。

让孩子走入自律的空间

如果从纪律的指向来进行分析，那么智力上的纪律是专注，行为上的纪律是服从，人际交往中的纪律则是秩序。孩子无论在哪个方面有相应的表现，都意味着他开始具有纪律性。

举个例子，孩子常常会反复做自己感兴趣的事情，在这个过程中，他是专注的，而长期的专注会使他感知规律和遵守规则，如此，他就形成了智力上的纪律。

专注不仅是智力上的自律，也是形成服从意识的重要条件。这不难理解。当父母纠正孩子的行为时，孩子需要专注对于良好行为的选择，才会具有自制力，也才会产生相应的行动。越需要自我控制的行为，就越需要意志，而这最初都来源于专注力。

至于让孩子建立秩序感，父母要做的就是让孩子学会延迟满足。延迟满足就是为了长远的利益而自愿延缓目前的享受，这是情商的重要成分。在早教中心里，老师会引导孩子"轮流"进行游戏或活动："让前面的小朋友玩过之后，就可以轮到你啦，这样大家都可以玩，大家都很开心。这就是引导孩子学习延迟满足，并使他在这个过程中形成秩序感。无论是引导孩子形成好习惯，还是更好地与他人相处，延迟满足这一原则，都是适用的，父母在生活中也应好好把握和利用。

和孩子一起订立一些规则并敦促他遵守，这是让他形成自律的基本办法。规则一旦制定，就要严格执行。孩子能遵守规则，要给他肯定和鼓励，必要时也要制定惩罚的方法，在孩子违反规则时进行适度的惩罚，还要耐心地解释错误的地方和造成的后果，让他明白爸爸妈妈惩罚他的原因。平时还可以给孩子布置一些小小的任务，让他在认真完成这些工作的过程中形成纪律。

父母要注意，纪律不是教育的一种目标，而是一种途径。就好像让孩子练习去做一件事情，他在做的过程中发展了自己的心智，而心智的充分发展会使他把工作做得更好，孩子感受到自己的进步，就会产生愉悦感，这种愉悦感又推动了心智的发展。在这个过程中，孩子的自律是无形中产生的，他通过这样的途径感受到秩序带来的快乐，一步一步地储蓄专注力和自制力，而这将成为他毅力的源泉，伴随他取得人生的伟大成就。

PART 7

自理自立，
从独立生活到独立思考

有一种叫"优巴斯树"的植物，有着茂盛的枝叶，能保护很多依赖它生长的植物。然而这种树也能分泌毒液，将寄生植物们毒死。

你是"优巴斯树父母"吗？你的庇护是否已成了阻碍孩子正常发展的毒液？

孩子已经来到这个世界，需要拥有适应这个世界的能力。

如果你不舍得让孩子患上生活"软骨症"，那么你就要舍得放手。

逐步放手，让孩子学会生活自理

想让孩子不依赖，父母要先"断奶"

　　每年的九月是大学新生入学的时间，我们把镜头放到大学校园里，会看到许多"超龄宝宝"现象：父母事无巨细地帮孩子铺床、买生活用品、清洗衣物和军训服，孩子则坐在一旁悠然自得地吹风扇。关于这样做的原因，父母的说法是："从小都是啥都帮他弄好的，一下子要他自己来，不放心啊！"再来听听一些自己动手的学生的看法："要爸妈帮忙已经不是什么新鲜事了，有些父母送到学校放不下心，陪了好几天才走呢"；"我还听过更夸张的，有个女学生都大二了，还不会自己洗衣服，让她妈妈每个月定期来给她洗。我觉得这么大个人了还不会照顾自己也太说不过去了"；"我想，这跟家庭教育有关系，我爸妈对我很放心"。

　　稍加留心的话，我们在生活中常常能看到这些令人"不放心"的孩子的童年缩影：起床后眼还没睁开，爸妈就把衣服套上来，牙膏牙刷洗脸水毛巾一应俱全；吃饭时边跑边玩，爸妈端着碗在后面追着喂；一出校门，爷爷奶奶就一手帮忙提书包，一手整衣服脱帽子，帮忙擦汗；在路上走着走着就要父母背，即使爸妈累得满头大汗，还是不肯下来自己走……

　　在现实生活中，这样的情况比比皆是。父母怕孩子"不会"、"做不好"、"太辛苦"，处处想办法帮忙，反而处处阻碍了孩子的发展。孩子在这样的"爱护"下成长，事事都依赖父母，没有独立能力，长大后就成了让父母不放心的"超龄宝宝"。究其原因，父母的"温室教育"是罪魁祸首，直接导致孩子成为无能之辈。

　　当孩子出生时，他与母亲相连的脐带会被剪断，这象征着他作为一个独立的个体来到了这个世界。当他过了哺乳期，就要开始适应普通的食物，从而更好地生存下去。孩子在一天一天地长大，也做好准备去适应这个世界的变化，成为能独当一面的人。令人遗憾的是，不少父母的保护意识却仍未"断奶"，无论孩子长多大，仍然把他当成幼小无助的角色对待。他们不遗余力地表达自己的"爱"，丝毫未察觉到这是在对孩子传递不信任的信息。孩子仿佛成了宠物，永远依靠父母来安排自己的生活。然而，父母怎可能安排孩子的一生？生活并非总是阳光灿烂，总有一天，孩子要独自面对风雨。一个连生活都不能自理的人，怎能掌握自己的人生呢？真正爱孩子的父母懂得放手，他们给予孩子成长的力量，而不是用呵护来折断孩子高飞的双翼。

孩子力所能及的事情父母不要帮忙

有这么一位母亲，从初中开始就在学校旁边租房子照顾孩子，一直持续到高中。在这样的照顾下，孩子考上大学了，她还是无法放手："锻炼孩子的自理能力有个很长的过程，也许四年大学上完了就好了。但现在既然我在，我肯定就要操心。"许多父母就是这样，抱着"以后自然就会好"的心态，继续着代理人的角色。然而，时间长了，孩子的能力就自然地长出来了吗？以河南省的一场人才交流会为例，一些由家长陪伴前去求职的大学生通通吃了闭门羹。一家单位的老总直截了当地说道："连找个工作都要家长陪，他能干啥事？我们绝不会把工作任务交给这样的人！"

父母害怕孩子吃苦受累，干预甚至抢着替孩子做事，孩子遇事缩手缩脚，不会独立思考，更缺乏动手能力。凡事设法代劳的父母，最后得到了什么呢？不过就是看上去健全的"软骨症"孩子。因为父母的包办代替无形中削弱了孩子正常的劳动能力和思维能力，能力缺失的人无疑是不会得到社会认同的。

　　许多外国父母从小就让孩子做力所能及的事情，在劳动中培养孩子的自理自立能力。德国甚至在法律中规定，孩子到14岁要承担家庭的一些义务，从劳动能力的锻炼上升到社会义务感的培养。可以肯定的是，父母在孩子可塑性强的时期让他得到自我锻炼的机会，对孩子的成长有着深远的意义。也许孩子能力还不够，对事情的考虑也欠周全，做事的效果不佳，但是父母要充满耐心，指引他在尝试和错误中学习。事实上，孩子需要在劳动中证明自己，父母给予的机会就是一份信任，让孩子在学习和磨练中日益完善自己。更重要的是，父母在孩子心里树立了"自己的事情自己做"的内在意识，孩子就会在探索和学习中不断提高自己的能力，勇于开拓自己的人生。

对撒娇的孩子说"不"要注意方法

　　孩子的依赖心重，相对而言独立能力就较差。要减轻孩子的依赖心，父母除了有意识地培养他的独立性，正确处理他的撒娇也是很关键的。许多孩子想要依赖父母做事甚至是提出不合理的要求时，会用撒娇的方法来达到自己的目的。若父母不答应，孩子可能会出现"一哭二闹三撒野"的行为。父母往往在孩子哭闹的过程中态度软化，或者不得不满足他的要求以结束其上述种种行为，即使孩子的要求不合理也是如此。

　　其实撒娇是孩子含蓄表达心理需求的方法，在合理的范围内是可接受的，但撒娇一旦演变成了撒野，而父母也选择纵容，那么孩子就容易形成任性自私、不讲情理的性格。父母要正确地处理孩子的撒娇，在必要的时候要懂得适当拒绝和引导，在不伤害孩子自尊心的同时，使孩子意识到事情的分寸，能分清自己和别人的需要，更好地控制自己的行为。

　　拒绝孩子时，不要只是粗暴地说"不行"、"不对"，这容易引起他的反感。父母要掌握拒绝的方法和技巧：一、说清楚拒绝的理由，让孩子更易于接受。比如"这不是一个好主意，爸爸妈妈会生气的"，"我觉得那样做不好，因为声音太大，会吵到邻居休息"；二、提醒规定或提出期望。"我们之前约好了什么吃饭的规定？""你已经长大了，这个要自己做，妈妈喜欢独立和讲道理的孩子。"

父母要注意，面对孩子不合理的要求，一旦拒绝就要坚持下去，不要轻易改变。有时这是件很难的事，尤其是孩子在公共场所哭闹，父母会觉得没面子，于是就屈服了。孩子从父母那里得到了"成功"的经验，在以后就会继续使用。因此，不要因为孩子撒娇闹脾气就改变决定，这只会助长孩子的予取予求。面对孩子的大吵大闹，父母可以用"冷处理"的办法，等双方冷静下来再对他进行引导。如果是在公共场合，就先把孩子带回家，再进行冷处理，这样也能保护孩子的自尊心。

四种情况要坚决对孩子说"NO"

1. 孩子健康或安全受到威胁

2. 违反家庭规定或社会守则

3. 伤害他人或破坏他人权益

4. 推卸责任

独立能力从家庭生活开始培养

具有独立能力的孩子才会具有独立人格

有一个富商，对于教育很有自己的见解，他非常注重对两个儿子人格和品性的培养。当两个儿子长到八九岁时，这位父亲就让他们在公司的董事会上"参政议政"，学习生意上的学问。后来，两个儿子以优异的成绩从美国斯坦福大学毕业了，想回到父亲的公司干一番事业，但这位父亲果断地拒绝了。他对儿子说："我的公司不需要你们，你们自己去打江山，用实践证明你们是否合格，能否到我公司来任职。"于是，兄弟俩去了加拿大，哥哥着手地产开发，弟弟投身银行业。他们克服了种种困难，最终成为商界出类拔萃的人物。这两个兄弟就是后来被《时代》杂志评选为全球商界最具影响力人物之一和全球信息科技界精英之一的李泽钜和李泽楷，而他们"冷酷无情"的父亲，正是华人首富李嘉诚。

李嘉诚认为，教育孩子应该培养他们独立的意志品格，这与有多少家产没有关系。当李泽钜、李泽楷去美国读书时，李嘉诚只给了他们最基本的生活费。有谁能想到，现在人称"小超人"的李泽楷当年还曾经在麦当劳卖过汉堡、在高尔夫球场做过球童呢？然而，正是李嘉诚对孩子独立人格的重视，使得他们走上了独立自强的道路，他们勇敢坚毅的品性亦成为人生最大的财富。独立能力的养成是孩子成功人生的必修课，只有具备这种能力才能形成独立人格。从现在开始，就如陶行知所说，"让孩子出自己的力，流自己的汗，吃自己的饭"吧！

在家务中品尝独立的快乐

美国哈佛大学有一个历时40余年的研究，研究人员在波士顿市内研究456名青年的生活。他们发现，当这些青年到了中年，不论家庭背景、教育程度、智力水平和收入如何，那些童年时参加过劳动或简单家务的人，都比幼年从不做事的人生活得愉快。

这样的结果不难理解，因为孩子在劳动中产生了独立意识，也在能力提高的过程中确立了自我价值，从小就懂得做好一件事情的价值，长大了自然更容易在工作中体验到愉悦。

从小开始，给孩子布置一些力所能及的家务劳动，这是令孩子学会自理自立的第一步。

3～4岁	捡起垃圾放入垃圾桶，把脏衣服放到洗衣篮里，整理玩具，饭后把碗放到水槽中，换新纸卷
5～7岁	叠被子，取报纸，喂宠物，擦桌子，擦门窗，除草浇水，整理书桌，收拾书包
8～10岁	收拾碗筷，叠衣服，扫地，拖地，擦家具，倒垃圾，晾衣服，收拾房间

孩子的年龄越小，能顾及的细节就越少，因此父母要有耐心，不要对孩子要求过高。除此之外，父母要善于肯定孩子劳动的价值，让他获得成就感。如此一来，孩子就会更愿意参与劳动，更能在劳动中体会独立自主的快乐。

家庭会议的讨论和决策

前面提到，李嘉诚让孩子从小就参加董事会，甚至能在会上发言，从教育的角度来看，这其实就是让孩子在民主的氛围下独立思考、自主地表达意见和学会沟通。要让孩子变得更加独立自主，家庭会议是很重要的一环。父母和孩子在会议中尽情表达个人感受，交流意见，家庭成员之间分享彼此的快乐，解决遇到的问题，也通过沟通来确定要分担的责任，从而形成良好的亲子关系。

沟通与协议

经验学习

家庭会议
五大功能

解决冲突

增进了解

家务分担

家庭会议参考议程

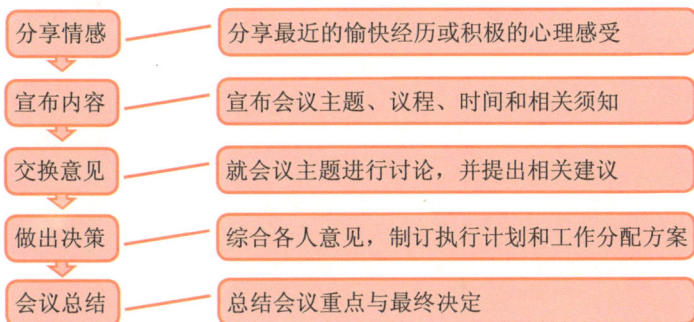

分享情感	分享最近的愉快经历或积极的心理感受
宣布内容	宣布会议主题、议程、时间和相关须知
交换意见	就会议主题进行讨论，并提出相关建议
做出决策	综合各人意见，制订执行计划和工作分配方案
会议总结	总结会议重点与最终决定

　　家庭会议的召开，要建立在父母与孩子以平等地位参与的基础上，因为这样才能保证家庭成员之间以同理心进行倾听，最后达成共识。父母要确保孩子有充分表达意见与建议的机会，同时要注意避免自己或其他成员成为会议"独裁者"。父母也可以让家庭会议作为孩子良好习惯养成的开端，比如讨论家务的分工、零用钱的合理使用等，可把会议内容和决策记录下来，最后一起签名确认，作为履行承诺的标志。当孩子比较大了，还可以通过家庭会议让他得到做策划的机会，比如与他商讨拟定假期的出行计划、暑期的学习计划等。

让孩子成为自己的主人

你在为孩子听话而沾沾自喜吗？

  对于很多父母来说，"你的孩子真听话"是一种非常令他们自豪的称赞，这似乎就等于说"你对孩子的教育真成功"，让父母舒心无比。的确，孩子是需要听话的，在他还小的时候，对许多生活技能和生活须知都没有清晰的概念，要依靠父母的指引来进行学习；另外，对于危险或紧急情况，假如父母不能有效地对孩子进行规限，无疑是相当不利的。然而，许多家长对于孩子"不听话"的抗拒并非是担心孩子的生活能力和危机应对能力，而是感觉受到冒犯，担心一旦失去对孩子的控制，自己的家长权威会受到威胁。南京市某心理分析中心曾就父母的教育态度做过调查，结果发现，高达93%的家长只希望子女做个"听话的孩子"，可见父母对于"听话"的崇拜程度之深。

要求孩子听话并没有错，可是如果过于强调"听话"的重要性，就会有极强的副作用。首先，孩子只知听从，自然就不会动脑思考，大脑的运作就如同机器一般，荒废了就僵化，智力也就无从发展。其次，只需要"听话"就万事妥当，这无疑是告诉孩子，"你可以依赖爸爸妈妈，反正我们会帮你安排好。"这样的孩子长大后只会是一个没有自主能力、凡事只懂依从别人的人，成就事业的魄力又从何而来呢？

请父母始终记住，教育不是寻找省事的途径来管理孩子。孩子是一个独立的个体，不可能对每件事的看法都与你绝对相同，与其总是生气地斥责"闭嘴！你怎么就不听话"，不如对他说"你既然有意见，那就说出来，让我们来分析一下哪个做法更好"。父母引导孩子进行思考，教会他找出解决的可能性，并从中做出最好的决定，这样事物本身就能给予他做事的最好动力，孩子也更能为自己的行为负起责任。这样一来，父母就不存在"孩子听话与否"的困扰，孩子也能养成独立思考的习惯，头脑灵活的他，定能更好地把握自己的人生。

独立思考能力的重要性

爱因斯坦少年时代就是个爱思考的孩子。他14岁时已经能自学几何和微积分。在自学中一遇到困难，他总是仔细琢磨，反复思考，实在想不明白才向别人请教："给我指个方向吧！"但是不等别人开口，他就提出要求："别把答案全部告诉我，留着让我思考！"自牛顿力学提出之后，该学说超过两个世纪都无人怀疑，而爱因斯坦读中学时已经敢于向这一经典理论发起挑战，结果创立了著名的相对论。爱因斯坦如此总结自己的成就："思考，思考，再思考，我就是靠这个方法成为科学家的。"他认为，发展独立思考和独立判断的能力，应当始终放在首位。一个善于独立思考和工作的人，必定会找到属于自己的道路。

纵观历史上著名的名家学者，之所以能不断推动人类社会进步，大多在于他们有自己的想法，敢于把自己的疑惑和主张化作探究的力量，最终推翻前人的结论。坚持"大人讲的就是对的"，孩子就永远无法站在父母的肩膀上看世界，坚持"书本上说的就是真理"，孩子就只能成为不善变通的书呆子。要让孩子获得精神上的独立，必须让他成为善于思考、勇于探索的人，这是一切创造活动的前提。

"世界上本没有路，走的人多了，也便成了路。"让孩子从小养成独立思考的习惯吧，这是使他走上不凡道路的闪亮起点。

独立思考能力的培养方法

　　每次回国，我都会为女儿买几件衣服。但是最近这次，我经过童装店时想了又想，没买。到家，女儿找我要新衣服。我手一摊，对她说："老妈没买，因为不知道你会喜欢什么衣服，你已经六岁了，有自己的看法，所以不如改天我带你去服装店，由你自己挑！"隔日，我就带她去买衣服。她起初不敢挑，非要我帮忙，经过再三鼓励才终于下手。她居然挑了几件我平常想都不可能想到的衣服。问题是，这是她自己挑的，她特别爱穿，穿在身上怎么看都不对劲，却也怎样看都顺眼。我发觉，真正的"创意"和"突破"往往是这样来的。如果我们希望下一代能比上一代强，就要给他们空间，给他们自由，让他们做主。

　　当孩子小的时候，我们已经应该教他思考，而不是直接帮他作答。每个人有他自己的看法，只要他思考的方法正确，看法不偏激，又经过他自己的反复辩证，就应该被尊重。自己的决定自己负责，是天经地义的事！

　　　　　　——节选自 刘墉《给各位父母及未来父母》

　　从刘墉的教育态度中，我们能获得培养孩子独立思考能力的启发。首先，在生活中要多让孩子做主。在家庭中，父母要有意识地营造思考的氛围，允许孩子有自己的意见。尽管孩子的想法可能非常幼稚，父母仍要耐心地聆听，鼓励他思考，做出最好的选择。

　　其次，父母要善于引导孩子思考。父母如果能常常与孩子进行开放式的谈话，给予孩子表达自己想法的机会，对于增强他的独立思考能力大有裨益。"你觉得怎么做更好呢？""这样做有什么依据吗？""能不能想出其他的方法？"在解答孩子的疑问或和孩子讨论问题时，多鼓励他用创造性思维寻找事物的其他可能性，让孩子通过自己的努力寻求答案，这样，孩子思考和探索的动力就会不断加强。

再次，父母要懂得适时让孩子参与决策。"如果是你，你会怎么做呢？""我想听听你的意见"，这样的沟通方法会让孩子感受到父母对其想法的重视，孩子会更愿意主动思考和承担责任。

不要担心"言论自由"会让孩子变得任性蛮横，事实上，若父母引导得当，孩子会从思考和经历中变得懂事，最重要的是，孩子能成为一个有主见的人，观察力、判断力和决策力都将大大得到发展。如此，父母的领袖气质就切切实实地"遗传"到了孩子身上。

PART 8

想象力和创造力
是成功的双翼

如果在孩子的幼儿时期，

你不能给他提供一支笔和一张纸，

孩子的大脑将会一片空白，

因为你扼杀了孩子的想象力和创造力。

其实，孩子的世界很简单，

只要你用心去观察，就会发现：

一张纸、一支笔便可让孩子拥抱整个世界。

孩子的想象力
与生俱来

好奇心≈求知欲

——"妈妈，鸟儿为什么会飞？"

——"鱼为什么会有鱼鳞？"

——"为什么苹果长在树上呢？"

经常和孩子在一起，你一定会发现孩子似乎有问不完的问题。当孩子出于好奇心而提出奇怪甚至荒诞的问题时，你是怎么回答的呢？

——"别烦我，我正忙着呢。"

——"长大后你就会明白了。"

好奇心是孩子的天性，是孩子求知欲的反映。父母如果对孩子的问题感到不耐烦甚至随便敷衍孩子，只会扼杀了孩子的好奇心，挫伤了孩子的求知欲。

领袖式父母极为注重保护孩子的好奇心和求知欲，他们会尽力解答孩子的疑问，即使遇到不懂的也会用委婉的语气鼓励孩子："世界上还有很多未解的谜，等着你去探索呢你要好好学习，积累丰富的知识，才能解开你心中的疑惑。"

面对孩子千奇百怪的问题，父母的回答不一定要精确，但态度一定要积极，重点是要尊重孩子的好奇心和求知欲。

在这一点上，日本一位幼儿教师的做法值得父母学习。

一堂小学美术课上，日本的一位幼儿教师正在教孩子们怎样画苹果。教师发现有个孩子画的苹果是方的，心里很奇怪，问道："苹果都是圆形的，你为什么画成方形的呢？"孩子回答说："我看见爸爸把苹果放在桌上，苹果不小心滚到地上摔坏了，我想，如果苹果是方形的，该多好呀！"教师鼓励说："你真会动脑筋，祝你能早日培育出方形苹果。"

把苹果画成方形，显然不符合现实。但这位教师却循循善诱，引导孩子说出画方苹果的原因，并鼓励孩子"早日培育出方形苹果"，这正是尊重孩子好奇心和求知欲的表现！

一般来说，好奇心和求知欲是互相促进、互相制约的，同时两者又推动了想象力和创造力的发展。一只苹果让牛顿发现了万有引力，烧水壶上冒出的蒸汽让瓦特改良了蒸汽机，一盏摇晃的吊灯让伽利略发现了单摆原理，这些都源于好奇心，是好奇心令他们产生了求知的欲望，激发了他们的想象力和创造力，最后取得了成功。

孩子不同年龄段想象力的特点

一位老师在桌子上放了一个橙子，让学生根据这个橙子随意发挥想象，说出它看上去像什么。结果初中生只能说出10多种答案，而小学生则从橙子的形状、颜色、属性等方面展开丰富的想象，说出了几十种出人意料的答案。这个实验说明，越是年幼的孩子，想象力越丰富，年龄越大，想象力越受限制。

幼儿期是想象力最为活跃的时期，孩子的想象力几乎贯穿于各种活动中。比如把玩偶当做小朋友，拿杯子给布娃娃喝水，把椅子当做小汽车等，都是孩子想象力的体现。随着孩子在成长的过程中积累的经验越来越多，想象力也得到快速发展，只要你留心观察，就会发现孩子的想象力颇具特点。

1～3岁孩子的想象以无意想象为主，即想象的目的性不明确、主题不稳定，产生想象只是由于受到外界刺激物的影响。比如，孩子看到积木就玩积木，至于要搭建什么和怎么搭建，脑子里没有预想的画面，没有明确的目的。孩子想象的主题也不稳定，很容易从一个主题转到另一个主题，一会儿玩汽车，一会儿玩积木，常常受外界因素的影响而改变主题。另外，孩子的想象力还有一个特点——夸张。孩子的想象常常带有夸张成分，喜欢夸大某些特征，比如他们会说希望自己的鼻子像大象的鼻子那么长。另一方面，孩子又容易将现实和想象混淆在一起，如玩恐龙的设想游戏，他们会想象恐龙真的和他们一起玩，幻想恐龙还生活在地球上。

3~6岁，孩子的想象具有一定程度的目的性，通过成人形象化的语言描述，他会按照成人的要求进行有目的的想象，并且还能在想象中添加一定的创造成分。比如，让他画太阳，他会在太阳旁边添上几朵白云，在天空画上小鸟等。

6~10岁，孩子的想象力更加丰富，想象过程也有更强的独立性，创造性也有显著的发展。对于孩子来说，想象逐渐成为一种相对独立的心理过程，想象的事物逐渐远离生活，甚至对遥远的未来充满兴趣。比如孩子喜欢画机器人、外星人等科幻内容，想象力虽然脱离了现实，但已能明确区分现实与想象。

帮助孩子发挥他的想象力

爱因斯坦说："想象力比知识更重要，因为知识是有限的，而想象力概括了世界上的一切，推动着进步，并且是知识进化的源泉。"

"想象力有多大，舞台就有多大"，想象力对于孩子来说是至关重要的，可以促进孩子智力的发展。那么，父母应该如何帮助孩子发挥他们的想象力呢？

借助童话故事

童话故事的特征就是通过丰富的想象、幻想和夸张来塑造人物形象，故事具有浓厚的幻想色彩，符合幼儿的智力水平和审美特点。世界著名作家歌德小时候就是在童话故事的熏陶下长大的，他母亲常常给他讲故事，有时讲着讲着就会停下来，让小歌德续接故事，充分发挥他的想象力。由于从小接受对想象力的培养，歌德后来成为举世闻名的大作家。可见，童话是开启孩子想象力的窗口，是启迪孩子思维的重要途径。

鼓励孩子自由绘画

孩子的世界是充满想象的世界。在成人的眼中，孩子的想象力往往是幼稚的，但是千万不要小看这种"幼稚"的想象力，它可能会让孩子成为第二个达·芬奇！

绘画可以让孩子充分发挥出他自己的想象力，将心中的图画用笔呈现出来。可是，父母喜欢拿一本物体的简笔画让孩子临摹，这样孩子画出来的树、房子、苹果、小狗等都是千篇一律的，完全束缚了他们的想象力和创造力。所以，父母应该鼓励孩子"乱涂乱画"，想到什么就画什么，尽情发挥他们的想象力。

观察大自然

大自然的千变万化为孩子提供了丰富的素材，是培养孩子想象力的最佳课堂。苏联著名教育学家苏霍姆林斯基说："大自然的美使知觉更加敏锐，能唤醒创造性的思维。"父母要引导孩子观察自然界的变化和现象，可以用提问的方式激发孩子的想象力，如"那朵云看上去像什么"、"蚂蚁是怎么搬家的呢"、"大象的鼻子有什么用呢"，等等。大自然的小小变化都能引起孩子的好奇心和求知欲，为孩子开启智慧的大门，丰富孩子的想象力，这一切都为培养孩子的创造力提供了条件。

鼓励孩子大胆想象

孩子常常把一根小棒当做调羹，把小凳子当做汽车，把小枕头当做布娃娃，常幻想自己跟星星追逐打闹，幻想在月亮上荡秋千，幻想自己是白雪公主，梦想在圣诞夜遇见圣诞老人……孩子的想象力丰富大胆。无论孩子的想象有多奇特，父母一定要尊重孩子的想象力，鼓励孩子大胆想象，这是成为领袖式父母不可缺少的条件。

非凡的成就，
源于创造力的发挥

启动全脑，特别是开发右脑潜能

人的大脑分为左右两部分，左右脑形状相同，功能却不一样。左脑和显意识有密切关系，主要控制着知识、判断、思考等；右脑则和潜意识有密切关系，主要

左脑

★意识脑、知性脑；
★控制右半身的运动、知觉；
★掌管语言、文字、符号、逻辑、计算、判断、分析、思考、理解；
★偏向理性思维。

右脑

★潜意识脑、本能脑、艺术脑；
★控制左半身的运动、知觉；
★掌管图像化机能（创造力、想象力）、感觉（第六感、直觉、念力、灵感、梦境），具有鉴赏音乐、绘画等能力；
★偏向感性思维。

控制着自律神经、宇宙波动共振等。

幼儿期是大脑潜能开发最宝贵的时期，在开发孩子左脑的同时，也要重视右脑潜能的开发，开启全脑教育，使左右脑协调发展，充分发掘和调动孩子的潜能。

常说一个人很"死板"，就是说他的右脑很迟钝。右脑发达的人拥有超强的想象力、洞察力和创造力，科学家们认为右脑的存储量是左脑的100万倍，可是数以万计的右脑细胞仍然在人身上沉睡着，造成了大脑资源的闲置和浪费。

脑科学研究发现：人的右脑发育先于左脑，幼儿在两岁以前基本上是生活在右脑的形象世界里，三岁时右脑已呈发达状态。如果对右脑潜能不加以开发，会在成长的过程中逐渐丧失，所以成年期右脑的发展水平仅是幼儿期的1/4。

大多数父母对孩子进行智力开发时，往往只注重左脑潜能的培养，如教他认字、背诵儿歌，给他讲故事等，导致左脑接受了过度的训练，却忽视了右脑潜能的开发，使右脑处于从属地位。如果按照这样的教育方法培养孩子，他的大脑潜能只能开发30%左右，还有70%的潜能得不到开发。一位教育家很形象地比喻说："在开发大脑潜力上，我们是在单脚骑自行车！"因此，我们提倡对孩子进行全脑教育，即发展左脑的同时，有意识地注重右脑开发，使全脑协调发展，充分调动人脑潜能。

在进行全脑教育的过程中，右脑潜能的开发是重点，专家预言：21世纪，右脑未开发的人将会成为时代的落伍者。心理学家经过长期的观察和研究，发现了不少开发孩子右脑潜能的方法。

重视左手的训练。右脑主要支配左侧身体的活动，因此训练左手可以促进右侧大脑的发展。孩子开始对涂鸦感兴趣的时候，父母不要强迫他只用右手拿笔，而是让孩子在玩的过程中充分活动左右手，抓东西的时候也要让孩子体验一下用左手抓的感觉跟用右手抓的感觉有什么不同，多训练左手可以开启右脑潜能。适度的游戏也能有效刺激右脑，父母应该多和孩子玩游戏，尤其是一些全身性的体育游戏，如拍皮球、踢足球、踢毽子等，可以全面锻炼孩子的左右脑，协调大脑的整体功能。另外，可借助音乐开发右脑，音乐是培养和发展右脑创造性思维的有效方法。音乐的节奏快慢和音调作用于孩子的听觉器官和传入神经，引起机体内的某些组织的共鸣，可以激发孩子的想象力。

激发孩子不凡的创造力

美国著名的教育心理学家托兰斯为测试孩子的创造力编制了一个核算表，父母可以对照此表测试一下孩子的创造力。

测试要点：如果你的孩子具备某项特征，得1分；不具备某项特征，得0分。

孩子的创造力特征	得分
1. 在倾听、观察或做事情时，精力高度集中，以致忘了吃饭。如："我没听见你叫我吃饭。"	
2. 异常活跃，不能安静。如："我还不能坐下，我正在思考。"	
3. 说话喜欢运用比喻。如："我觉得我像是一只即将变成蝴蝶的毛毛虫。"	
4. 有向权威思想挑战的倾向。如："为什么6岁之后我必须去学校？"	
5. 有追根究底的习惯。如："妈妈，我查了所有的书，还看了电视特别节目，并且问过老师，可我还是不知道上帝住在哪。"	
6. 观察事物很仔细。如："嗨，这只蜈蚣只有99条腿。"	
7. 渴望把他的发现告诉别人。如："猜猜我发现了什么？"	
8. 过了规定的时间，他仍在继续进行创造性活动。如："休息时，我做了件东西。"	
9. 把两个毫无关系的东西联系起来。如："妈妈，你的新帽子简直就像个飞盘！"	
10. 坚持把某种想法付诸实施。说过类似"明天我要去后院挖金子"的话。	
11. 对各种事情表示好奇，并渴望了解它们。他会说："我就是想知道这个院子从房顶上看是什么样的。"	

孩子的创造力特征	得分
12. 自发地运用发现或实验检验自己的想法。如："我以为面粉加水能做成面包，可我只做出了白面糊。"	
13. 用兴奋的声音告诉别人他的发现："面粉加水做出的是面团！"	
14. 有猜测试验结果的习惯。"我在洗鸟池里放过清洁剂，可是没有一只鸟来洗。今天我能试试泡沫洗涤粉吗？"	
15. 忠实于真理并强烈地探求真理。他会说："妈妈，我不希望这会儿打扰您，但我觉得，不存在什么妖精。"	
16. 有独立的行为。他说："没有一本关于赛车的好书，爸爸，我准备将来写一本。"	
17. 勇于提出新观点。如："我觉得应该允许儿童参加投票。"	
18. 不易分散注意力。如："我不能出来玩，我要等我的化学药品溶解了才行。"	
19. 操纵思想和物体以获得新的组合。如："我要用这根绳子和这支铅笔做个两脚规。"	
20. 敏锐的观察力。如："雪融化了以后，颜色到哪儿去了呢？"	
21. 有寻求变通办法和探究新的可能性的倾向。如："这人的旧鞋可以做个大花盆。"	
22. 能自觉而有独创性地学习。如："昨天我去图书馆把所有有关恐龙的书都找出来了。"	
23. 乐于思考或调皮地提出新奇想法："如果狗是主人而人是爱犬，会怎么样？"	

测试结果分析：

1～4分　　孩子的创造力有待开发，应着力培养。

5～15分　　孩子具有很强的创造潜力，应鼓励孩子进行创造行为。

16分以上　　恭喜，你的孩子具有超强的创造能力，对事物的兴趣和好奇心都超过常人。这类孩子常常会给你增添很多意想不到的麻烦，你应该在保护孩子创造力的前提下，给予孩子更多的耐心引导。

创造力是孩子智慧的源泉，在日常生活中要有意识地激发孩子的创造力。孩子的求知欲极强，对不懂的事情喜欢打破沙锅问到底，你一定要耐心解答孩子的问题。很多父母也许会有这方面的困扰："孩子问的很多问题我都不敢回答，因为怕答错了。"这样的父母还是比较理性的，总比用虚假的答案乱讲一通来敷衍孩子要好。如果你不知道答案，你可以跟孩子说："我也不知道呢！来，我们一起去查查资料！"这样，孩子的创造力无形中也得到了发展。

有时，开放性问题更能激发孩子的创造力。比如你可以问他"这盆花摆在房间里的哪个位置比较好？""假如你在超市里迷路了怎么办？""火车有什么用途？"……多问一些"如果"的问题让孩子去想象，或者拿现成的东西让他去改良、拆解、创新，有助于激发孩子的创造力。无论孩子的想法有多古怪，你都要为他的想象力鼓掌加油，要尊重孩子的创造成果。

　　自由，是激发孩子创造力的重要因素。这里所说的自由是指让孩子的大脑完全自由，不要用成人的思维去禁锢他，也不要过度限制孩子的奇怪行为。比如，孩子蹲在地上看着蚂蚁自言自语，对他而言，他是在跟蚂蚁交谈，这时你没有必要纠正他"蚂蚁是不会说话的"，其实，**孩子天马行空的想法正是创造力发展的体现。**

创造力给孩子无穷动力

　　创造力，就是突破定势思维、创造出新事物（思想、方法、观点等）的能力。就像切苹果一样，如果不横着切，你就永远不可能发现苹果里面美丽的"星星"。

　　创造力不是天才所特有的，它是一种潜在的能力。正如美国心理学家吉尔福特所说："创造性再也不必假设为仅限于少数天才，它潜在地分布于整个人类中间。"我国著名教育家陶行知先生在《创造宣言》中也指出："处处是创造之地，天天是创造之时，人人是创造之人。"而且他非常重视保护孩子的创造力。有一次，一个孩子把他母亲刚买的一块手表当成玩具拆卸、弄坏了，母亲很生气，狠狠揍了孩子一顿，并将此事告诉了孩子的老师陶行知先生。陶行知幽默道："恐怕一个中国的爱迪生被您枪毙了。孩子的这种行为是创造力的表现，您不该打孩子，而是要解放孩子的双手。"

想必很多父母都有类似的举动，总是阻止孩子捣乱，要求他循规蹈矩，但这样只会扼杀孩子的好奇心，禁锢孩子的创造精神。创造力是孩子成长的动力，"有创造性的人希望能够无所不知"，也就是说，创造力可以激发孩子的能动性，不断探索和追求新事物。

哈佛大学校长普西这样解释创造力的意义："一个人是否具有创造力，是一流人才和三流人才的分水岭。"创造力能够开发孩子的智能，使孩子善于观察、善于思考、善于想象，同时也培养了孩子的表达能力和逻辑思维能力。孩子在提出问题、分析问题和解决问题的过程中学会了假设、推理、分析、概括、抽象，令孩子更加有自信，勇于向传统和权威挑战，并形成良好的个性品质和坚强的意志力。21世纪是创造型人才施展才华的舞台，心理学家认为，创造型人才具有以下几个个性特征：敏锐的观察力、丰富的想象力、敏捷的思维力、准确的判断力、良好的记忆力。

你要相信，每个孩子都具有创造力，创造力是孩子的天赋！发现、保护并且培养孩子的创造潜力，是每个家长的职责。

PART 9

挫折是财富，
激发孩子逆境向上的潜能

"爸爸，我这次没考好，对不起。"

"太好了！"

"为什么？考砸了，还好什么呢？"

"暴风雨终于来了！你不是要做海燕吗？没有暴风雨，怎么体现出海燕的顽强呢？孩子啊，失败后的胜利才是更有价值的胜利，从小一帆风顺的人和从小就能从失败中站起来的人，谁更能经受未来生活中的风雨呢？"

"是后一种人！"

——赏识教育之父周弘与女儿的对话

提升孩子的逆境智商

逆境智商高的人更容易成功

长久以来，人们一直对顺境和逆境哪个更能令人成才争论不休，这边顺境论者搬出权威机构调查所得的高成才几率，那边逆境论者则抬出古今中外"天降大任于斯人"的成才事例。不少父母疑惑了，一时间也不知孰好孰坏。

其实，根本就无需执着于两者的优劣，因为无论是顺境还是逆境，总有人能依靠自己的优势脱颖而出，成为成功者。事实上，做父母的大多希望孩子事事顺利，然而我们也知道，人的一生不可能不遭遇挫折困难，尤其是要取得成功，就必定要与逆境正面交锋。父母要做的，除了让孩子依循自身的优势来发展，就是让他们拥有面对逆境的内在抗体，这就是我们常说的逆境智商（AQ）。

有位汽车推销员，在一个月的试用期将过时仍没卖出一辆车。最后一天老板要结束对他的试用，他坚持说："还没有到12点，我还有机会。"午夜时分，一位卖锅的人前来推销，他看到卖锅者冷得发抖的落魄模样，就请他坐到车里取暖，两人开始聊起来。汽车推销员了解到，对方因为买不起车，只能把锅背在身上卖。两人聊到天亮时，卖锅者用一口锅的价钱作为定金，订了一部车，五个月后提货。因为这张订单，汽车推销员得以成功留下。他一边努力卖车，一边帮助卖锅者寻找市场，三个月后，生意做大的卖锅者把订下的车开走了，而这个销售员也悟出了推销的理念，赢得了一张又一张的订单。他在15年的汽车推销生涯中总共卖出了13001辆汽车，平均每天销售6辆；他也因此创造了汽车销售的吉尼斯世界纪录。这个人就是世界上最伟大的推销员乔·吉拉德。

一个遇到逆境时善于谷底反弹的人，是最受成功青睐的。换句话说，一旦成为逆境智商高的人，你的孩子就比其他人更容易成功。

尽早培养孩子的逆境智商

美国麻省理工大学艾姆赫斯特学院的实验人员做过一个实验。他们用很多铁圈将一整个小南瓜箍住，观察它在生长中能承受多大的压力。一开始，他们估计南瓜的最高承受力为500磅，在实验的第一个月，南瓜的承受力就达到了这个数字。到第二个月时，这个南瓜的承受力达到了1500磅。当南瓜能承受2000磅的压力时，研究人员开始加固铁圈，以免它将铁圈撑开。最后，整个南瓜承受了超过5000磅的压力，瓜皮因为巨大的反作用力产生破裂。研究人员取下铁圈，用了很长时间和很大力气才打开南瓜，南瓜原本的食用部分已经发生了巨大的变化，形成了许多坚韧厚固的纤维，这是它试图突破重重铁圈压迫的结果。为了吸收充足的养分来提供向外膨胀的力量，南瓜的根向各个方向顽强延伸，根系总长超过了8万英尺，几乎穿透了整个花园的每一寸土壤。

在惊叹南瓜的抗压能力时，更值得我们注意的是，它随着外界的变化不断增强自己的突破力。小小的南瓜面对压制不断努力，它的坚持甚至成为控制整个花园的土壤和资源的巨大力量，作为万物之灵的人，肯定也能随着时间的变迁累积同样的坚韧力。对于孩子而言，小时候学会面对小挫折，长大就能笑对大困难。从小让孩子的逆境智商得以发展，未来他就能在成功的旅途中走得更稳、更远。

人生的成功在于把坏牌打好

一个农夫买下一块地打算用来种植果树,却发现那块土地非常贫瘠,只有一些低矮灌木存活,还有很多响尾蛇,不仅不能种树,连养殖家禽也不适宜,因此他心情十分低落。后来,农夫忽然想要将手头上的这些东西转变成他的资产,于是不顾别人疑惑的目光开始生产蛇肉罐头。几年之后,他的生意愈发红火,名声也越来越大,平均每年有两万多名游客到他的响尾蛇农庄参观。之后,除了把蛇肉装罐运往世界各地之外,他还把蛇毒送往实验室制作抗毒血清,把蛇皮出售给工厂,用于生产鞋子和皮包。当地人很是为这位农夫的成功而骄傲,连明信片上的邮戳都有"响尾蛇村"的字样。

其实,人生的路途不可能尽是康庄大道,总会有坎坷不平的小路,就像打牌一样,不可能每次都拿到好牌。许多玩牌的人一旦得到一副很差的牌,就会彻底失去赢的信心,这样的人无疑很难体会到成功的真正快乐。心理学家威廉·詹姆斯说过:"我们所谓的灾难很大程度上归结于人们对现象采取的态度,受害者的内在态度只要从恐惧转为奋斗,坏事往往就会变成鼓舞人心的好事。尝试过避免灾难而未成功,如果我们乐观地忍受它,它的毒刺也往往会脱落,变成一株美丽的花。"

孩子的成功,不在于能否拿到一副好牌,而是即使拿到坏牌,也能尽力打好。哪怕只有1%的希望,孩子选择尽100%的努力,就能为自己创造成功的机会。

不要舍不得让孩子吃苦

从摔倒之后自己爬起来开始

2007年的高考有这么一道作文题目：根据漫画《摔了一跤》（见下页）的内容进行构思和写作。从漫画中可以看出，一个孩子摔倒了，三个分别代表家庭、学校和社会的大人异口同声地发出"出事了吧"的叫声。然而，三者的表现都不一样，家长表现出焦急和心疼，学校露出严肃的表情，社会人士则咧嘴笑了。在这三者的共同注视下，摔跤的孩子一脸茫然。

　　我们仔细琢磨就会明白，表面上是孩子摔跤，其实是教育"摔了跤"，家长关爱过度而恐慌，学校严加责备不加指导，社会一副事不关己的态度，抱着看戏的心态调侃学校和家庭教育的窘况。

　　撇开学校和社会不谈，身为家长，对于孩子摔跤的情况是很熟悉的，然而很多父母都不知道如何正确处理这个问题。不少父母在孩子摔跤后立即就慌了神，赶紧跑过去又扶又抱，把西瓜皮扔得老远，嘴里还不停念叨："都是这该死的西瓜皮把宝贝摔疼了，不哭不哭，这个坏西瓜皮，我把它丢成稀巴烂！"许多孩子就这样止住哭声甚至破涕为笑了。于是乎，无论孩子什么时候跌倒，石头、凳子、桌子、门槛等统统变成"坏蛋"，孩子一次又一次对自己的摔跤和委屈感到心安理得，不懂得自己爬起来而是等着父母来扶，父母也越发对自己的有效"关怀"感到得意。

这些父母意识不到,自己对孩子摔跤后的态度会影响孩子的心智发展。孩子不能客观地认清摔跤的事实,长大后犯了错误会不知自省,就好像父母所说的"都是西瓜皮的错",他会认为不顺利的情况源自外界原因——"是别人的错",逃避甚至无视自己的责任。这样的孩子往往也难以经受挫折,容易产生心理疾病。

相反,当孩子只是普普通通地摔了一跤,并无大碍,父母就应该鼓励他自己爬起来,再加上过后对他的一些肯定如"跌倒能自己爬起来,真是个坚强的孩子",那么孩子在完成这个行为的过程中就产生了积极的心理效应。有时,孩子摔跤后发现没有得到大人的特别注意,他往往也会自己爬起来,继续去玩。这时他容易建立起"摔跤也没什么大不了"的心理反射,过后父母再适当地进行关怀,孩子不但能感受到父母的理解和关爱,也为自己的行为感到自豪。再次遇到同样的情况时,他就会乐于做出坚强的反应,从中获得成就感。

人生会有很多"摔跤"的时候,要让孩子学会面对人生的磨练,父母就要学会把关怀延缓到他站起来之后。只有懂得"站起来",才不至于茫然无助、坐等别人的扶助。世界上许多人取得成功的根本原因,其实只是比普通人更懂得在摔跤后站起来。

给孩子安排适度的挫折教育

近年来，我们经常能从电视、报纸上看到一些青少年心理承受能力差、经不起挫折而做出极端行为的案例。越来越多的父母意识到，优越的生活条件并不能保证孩子良好的心理发展，于是，挫折教育火热兴起。多数家长对于挫折教育的看法是，孩子承受力差是生活条件好、平日娇惯所致，"让他吃点苦就行了"，于是，满足家长"省心又见效快"要求的"吃苦夏令营"里就热热闹闹地挤满了一批又一批孩子。

那么，这样的"吃苦"过后，孩子是否就能"不娇气"，就能经受住生活的考验了呢？不少父母对吃苦夏令营的效果无奈地摇起了头，有些父母甚至叫苦不迭："以前他也就磨蹭点，说个事儿还是会去做。（吃苦夏令营）训练回来以后，做个小事都喊累，啥也不愿意干，说也不听，唉，现在也不知道怎么办了。"

其实，这些父母都没有从本质上认清吃苦和挫折教育的关系。吃苦只是挫折教育的一个方面。这样的活动的确能对培养孩子吃苦耐劳的品德起到积极的效果，但父母却高估了它的作用。据心理学家分析，孩子参加这样的活动时，已经对困难和挫折做好了身心准备，而"吃苦"的极限也是可预见的，所以即使不好受，"熬过这几天就好了"，这是心理上的一种消极抵制，也是为什么很多孩子回到家之后行为没有改善甚至变本加厉的原因。然而，生活中的挫折往往是不可预知的，面对

种种难以预料的情况，诸如环境变迁、家庭变故、疾病痛苦、学业感情和事业失意等，仅仅依靠"吃苦夏令营"的教育效果无疑是远远不够的。挫折教育不应只看重物质匮乏的体验，更重要的是让孩子形成心理上的"吃苦"能力。冰冻三尺非一日之寒，挫折教育亦非短时之功，父母所期望的挫折教育的成效，更多应来自生活中潜移默化的影响。

在生活中，父母可以通过以下几个途径帮助孩子形成并逐渐增强心理抗挫能力：

一、自理中提炼抗挫力。孩子从学习自理到参与劳动的过程中，常常会遇到困难。在父母的指导下或是依靠自己排解困难后，孩子既锻炼了自理能力，增加了自信心，也能在克服困难的过程中提高抗挫能力。

二、利用情境酝酿抗挫力。父母根据孩子的能力在生活中创造一些机会，有针对性地让孩子经受锻炼，如登山、野营、学游泳等室外活动，另外，也可让孩子通过游戏、竞技、比赛或处理学习问题等实践克服"输不起"的消极心理，形成应对失败和打击的积极心态。

三、榜样作用激发抗挫力。父母对待挫折的态度直接影响孩子的抗挫力，要提升孩子的逆境智商，父母先要让孩子看到正确面对挫折的态度和做法。除此之外，给孩子提供一些克服挫折的事例或者故事，让他认识到挫折的普遍性和客观性，也可从中获取抗挫的经验和力量。

挫折教育对孩子的作用如此重要，那是不是挫折越多越好呢？心理学家定义"挫折"时指出，挫折是个人从事有目的的活动时遇到障碍和干扰、导致需要不能满足的一种消极情绪状态。不难理解，过多的挫折会影响孩子的自信心，而挫折教育是要让孩子建立起克服挫折的信心，可知两者是矛盾的。因此，父母掌握好挫折教育的度，是相当重要的。

赏识和鼓励
挫折中的孩子

对挫折鼓掌，肯定孩子的优点

　　一个女儿向父亲抱怨，说她的生命痛苦无助，自己也厌烦了一次次的挣扎，只想放弃。当厨师的父亲二话不说，拉起女儿的手走向厨房。他烧开了三锅水。分别放进萝卜、鸡蛋和咖啡。一段时间后，父亲把萝卜、鸡蛋捞起来放进碗中，把咖啡过滤、倒进杯子，继而让女儿摸摸已被煮得软烂的萝卜，敲碎蛋壳细心观察鸡蛋，然后尝尝香浓的咖啡。女儿不明所以。父亲慢慢地解释道："三样东西面对相同的逆境，反应却不一样。结实的萝卜在开水中煮烂了。蛋有外壳的保护，但是煮过之后里面变硬了。咖啡最特别，它竟然改变了滚烫的水，变成了美味的饮品。"父亲慈爱地摸着女儿的头，继续说道："当逆境来到你面前，你作何反应呢？你是那根看上去坚强的萝卜，却在痛苦到来时变得软弱吗？或者你是那颗蛋，经历困境之后外表坚强依旧，内心却从以往的灵动鲜活变得沉重固化？又或者，你是那咖啡，将带来痛苦的沸水改变了，水的温度越高，它的味道就越醇厚迷人？孩子，如果你像咖啡，遇到不如意时，你就会将外在的这一切转变，逆境会让你和你身边的事物更美好，懂吗？"

　　这是一个对挫折理解得多么深刻的父亲，想必他对挫折的开放态度也会深深影响他的女儿。现实生活中，不少父母对挫折教育只知入其门，不知疏其道，孩子遇上挫折了，父母也没辙了。很多父母甚至对挫折教育和赏识教育的关系感到迷惑而内心纠结："想着多赏识吧，又怕她骄傲；批评多点吧，又怕打击她的积极性和自信心，真是头痛。"其实，赏识教育和挫折教育并不冲突。赏识教育是要用赏识的目光看待孩子的进步和优点，挫折教育则要求父母实事求是，不能盲目地夸奖，要让孩子认识到自身的错误和不足。两种教育态度不是互不相容的关系，而是应针对时机不同而取用。有些父母害怕孩子受委屈，即使孩子做错事也闭口不提，久而久之，孩子只长了"赏识"的耳朵，听不进任何批评的话，一旦受到责备或遭遇挫折，就会出现剧烈的情绪反应和行为。父母如果能耐心地与受挫的孩子沟通，让他意识到挫折的正面意义——别人指出缺点或自己发现不足都是一次很好的机会，能让他更好地完善自己，那么在这个过程中，就能引导孩子用积极的心态看待和接受挫折，孩子也更愿意着手改变。

　　既然挫折是一次令孩子成长的机会，那么我们就要善于肯定孩子做得好的地方和付出的努力。孩子受挫后，父母认真倾听，然后对孩子行为或想法中的闪光点予以肯定，这是十分重要的。因为让孩子感受到来自父母的理解和支持，父母再对他进行引导，能找到最好的抗挫点，让孩子更快地走出挫折的阴影。

分担孩子的挫败情绪

对于帮助孩子处理情绪的方法，在Part 1的"做善于倾听和沟通的父母"一节中已经介绍过，现在根据挫折情绪的性质，重新温习一次引导的步骤。

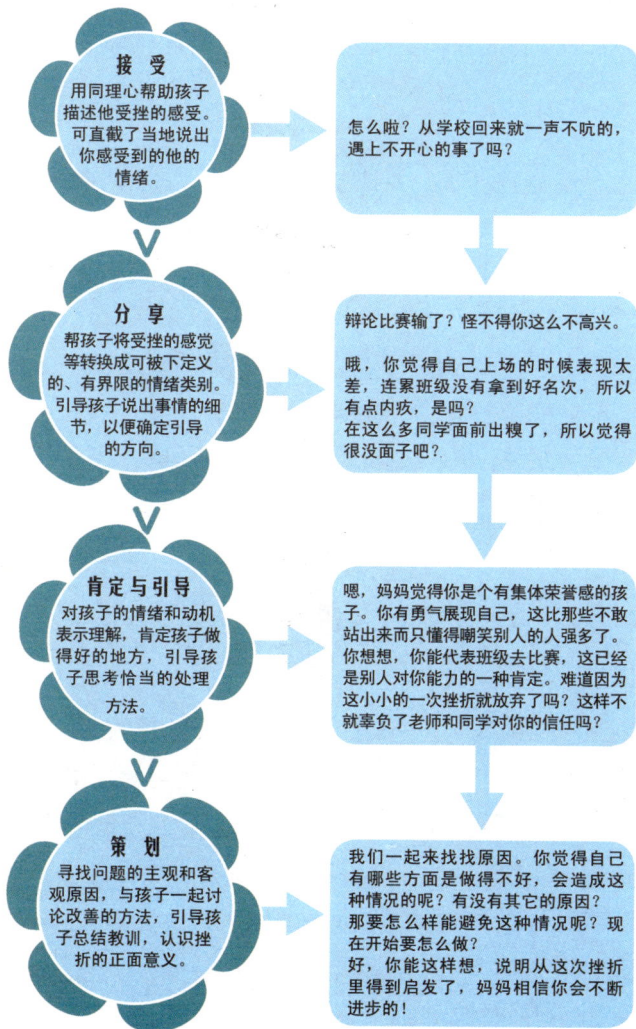

接 受
用同理心帮助孩子描述他受挫的感受。可直截了当地说出你感受到的他的情绪。

怎么啦？从学校回来就一声不吭的，遇上不开心的事了吗？

分 享
帮孩子将受挫的感觉等转换成可被下定义的、有界限的情绪类别。引导孩子说出事情的细节，以便确定引导的方向。

辩论比赛输了？怪不得你这么不高兴。

哦，你觉得自己上场的时候表现太差，连累班级没有拿到好名次，所以有点内疚，是吗？
在这么多同学面前出糗了，所以觉得很没面子吧？

肯定与引导
对孩子的情绪和动机表示理解，肯定孩子做得好的地方，引导孩子思考恰当的处理方法。

嗯，妈妈觉得你是个有集体荣誉感的孩子。你有勇气展现自己，这比那些不敢站出来而只懂得嘲笑别人的人强多了。你想想，你能代表班级去比赛，这已经是别人对你能力的一种肯定。难道因为这小小的一次挫折就放弃了吗？这样不就辜负了老师和同学对你的信任吗？

策 划
寻找问题的主观和客观原因，与孩子一起讨论改善的方法，引导孩子总结教训，认识挫折的正面意义。

我们一起来找找原因。你觉得自己有哪些方面是做得不好，会造成这种情况的呢？有没有其它的原因？
那要怎么样能避免这种情况呢？现在开始要怎么做？
好，你能这样想，说明从这次挫折里得到启发了，妈妈相信你会不断进步的！

其实挫折本身与其引起孩子的消极情绪反应并没有必然的联系，关键在于孩子对挫折的认知和理解。所以，要让孩子更好地面对挫折，就必须先让他充分认识和正确理解挫折。只有真切地感受挫折，才能享受战胜挫折的喜悦。另一方面，孩子从逆境中走出来，从挫折中得到智慧，逆境智商也就得到了提高，这将使他更有信心面对下一个挑战。

失败越多，也许离成功越近

有一位穷困潦倒的年轻人，梦想成为一名演员，于是他在清单上列好了当时的500家电影公司，再带着剧本一一前去拜访。一轮拜访结束后，没有一家公司愿意聘用他。这位年轻人没有灰心，又从第一家电影公司开始，继续第二轮拜访和自荐，这一次，仍旧没有人搭理他。第三轮的拜访结果也仍是这样。"世上没有做不成的事！我一定要成功！"他依旧痴心不改，咬咬牙开始他的第四轮拜访。在他遭受了1000多次拒绝后，一个导演终于给了他一丝希望："我不知道你能否演好，但你的精神感动了我。我可以给你一次机会，先拍一集，就让你当男主角，看看效果再说。如果效果不好，你就从此断了这个念头吧！"年轻人不敢懈怠，全身心地投入了拍摄之中。第一集电视连续剧创下了当时全国最高收视纪录，这个成功的年轻人就是后来红遍全球的好莱坞动作巨星史泰龙。

史泰龙的事例再次证明了那句话："失败乃成功之母。"挫折并不可怕，就像巴尔扎克所说，挫折就像一块石头，在弱者眼中是绊脚石，让人止步不前，但在强者面前却如一块最有用的垫脚石，使人站得更高，看得更远。从小让孩子运用自己的力量克服各种挫折，当他成为勇于面对挑战、敢于经历磨砺的人，生活就必定对其报以丰厚的馈赠。

PART 10

培养孩子与人相处的能力，拥有高人际智商

在成功商数中，有一种元素的指数呈日渐上升趋势，那就是社交商。

哈佛大学心理学博士丹尼尔·戈尔曼在《社交商》一书中指出，社交商将决定一个人的心智表现，决定一个人一生的走向与成就。

刚出生的婴儿与母亲的第一次目光交流，就是孩子社交商的表现，与智商无关。

每个孩子都潜藏着巨大的社交能力，等着你去激发呢！

锻炼孩子的社交能力

家庭成员的关系对孩子社交能力的影响

人际交往能力是孩子在成长过程中必须具备的能力。成功学专家认为："所有成功的人之所以成功，是因为他的人际关系非常好。"

有些孩子很积极很主动，有些孩子很畏缩很害羞，这些都说明孩子的人际交往能力存在着很大差别。孩子的社交能力最初是从家庭里获得的，家庭成员之间的关系影响着孩子人际交往的成长，其中，父母关系会影响到孩子日后的人际关系。因为孩子最初接触到的就是家庭关系，父母与孩子交往的会呈现出各自不同的特点，孩子自然也就从父母身上学到了不同的人际交往方式。

在交往方式上，母亲主要通过言语和身体接触与孩子交往，总是温和、轻柔、充满爱意地抱着孩子，跟孩子说话也都是轻声细语。可想而知，孩子会从母亲身上学到细致、温柔的交往方式。而父亲则在一定程度上决定着孩子扮演的社会角色，心理学研究表明"父亲是孩子建立安全感的源泉"。在家庭里存在着最健康的父子关系，因为父亲常对儿子说"我是怎样把你驮在鹰背上的。"这句话源自一个故事：为了让小鹰学会飞翔，老鹰不停用枝条拨弄窝里的小鹰，于是小鹰不得不去窝外盘旋，当小鹰即将掉落到窝下面的岩石上时，老鹰就会用背接住它。犹太人父亲说那句话的潜台词就是要告诉儿子："别怕，你可以飞的，因为我会保护你。"这样的孩子会从父亲身上学到勇敢、坚强的交往方式。

除了父母关系外，祖辈与孩子的交往方式也会影响孩子的人际交往能力。现在独生子女越来越多，父母经常把孩子交给爷爷奶奶照顾，隔代教育最明显的一个特点就是溺爱，孩子在爷爷奶奶的宠溺下会变得以自我为中心、骄纵、任性、蛮横，人际交往能力自然也很差。

另外，家庭成员的关系如果不和睦的话，孩子的心灵会受到伤害，直接表现为忧郁、孤僻、偏激、暴躁、好斗、不合群等，不利于社交能力的发展。因此，家庭成员之间的关系处理得好不好直接影响孩子日后的人际交往能力。完美的家庭关系应是一个等边三角形，三个人的关系是等距离的，亲一方或疏一方都可能让孩子长大后难以对人产生信任。

简单的社交礼仪与规则

对孩子来说，掌握简单的社交礼仪和规则是必需的。

微笑待人。英国诗人雪莱说："有了微笑，人类的感情就沟通了。"父母要教孩子学会微笑待人，学会微笑面对生活，这是培养孩子人际交往能力的第一步。

神奇的礼貌用语。"您好、请、谢谢、对不起"，这些礼貌用语是开启良好人际关系的金钥匙。日本儿童生活研究所所长石井哲夫在《如何培育第一个孩子》一书中提到，如果希望孩子有个良好的交流习惯，父母就要在日常生活中随时说"请"、"谢谢"、"对不起"，因为这都是保持良好人际关系的基础。

学会赞美别人。赞美别人是表示友好的有效方法，孩子的一句赞美常常会在最恰当的时刻发挥出它的效果。如，刚上幼儿园的乐乐很腼腆，小朋友们都不太喜欢跟他玩，可是有个活泼好动的小女孩跑过来跟他说："你的书包好漂亮哦，真的很酷，我很喜欢。"乐乐听见之后很开心，因为有人认同了他，很快他就融入了幼儿园这个小集体。一句赞美，就能拉近人与人之间的距离。幼教专家建议，教孩子学会赞美，可以培养他关怀、安慰人的能力。

主动分享。从婴儿期开始，父母就要有意识地训练孩子分享的快乐，不然的话，孩子长大后很难与他人形成良好的人际关系。教会孩子分享，就是教会孩子懂得爱。我们说的主动分享是指孩子发自内心的自愿分享，使分享成为孩子的本能反应。

鼓励、帮助孩子多和他人交往

人际交往是孩子的一种社会需要，父母的言传身教永远是孩子最好的学习榜样，各种社交礼仪及社交技能的获得也是父母在潜移默化中教给孩子的。

　　一位成功人士回忆道：小时候妈妈给她讲过一个故事，令她受益终生。这个故事是：一个小女孩在草地上发现一只受伤的蝴蝶，她小心翼翼地为蝴蝶包扎伤口，让它飞回大自然的怀抱。后来蝴蝶化作一位仙女，为了报恩，对小女孩说："因为你的仁慈和善良，请你许个愿，我会为你实现这个愿望。"于是小女孩许了个愿"我希望快乐"，仙女在她耳边轻声细语后，消失了。果不其然，小女孩快乐地度过了一生。有人很好奇："请告诉我们吧，仙女到底说了什么？"她笑道："仙女告诉我，关怀周遭的每一个人就能得到快乐。"

　　关怀别人，正是与他人积极相处、培养孩子社交能力的根本。我们要学习那位母亲的做法，通过故事鼓励孩子多和他人交往。除了讲故事之外，还有很多方法可以帮助孩子提高社交能力，如多带孩子去串门、引导孩子购物、玩各种互动游戏等等。孩子的社交能力都是被激发和鼓励出来的，父母要多为孩子创造交往的机会，让孩子成为交际达人。

让孩子学会表达，懂得沟通

良好的语言表达能力，也是一种才能

西方社会认为：舌头、金钱、电脑是现代管理者的"三大战略武器"。拥有良好的语言表达能力，是增强沟通能力的前提，是一个人获得成功的强大武器。

同样是表达一个意思，为什么有些人可以妙语连珠，而有些人却词不达意？这就是语言表达能力有高有低的表现，这也决定了孩子将来能否成为外交家、律师、主持人等。良好的语言表达能力是一种才能，在关键时刻，往往是机灵巧妙的一句话扭转了局面。

有一个导游带领旅游团到一个历史名城参观，一个游客突然问道："请问这个城市有什么大人物诞生吗？"导游一下子愣住了，因为他根本不知道，但是他马上机敏地回答："不！先生，这个城市里诞生的都是婴儿。"一句话让游客们哈哈大笑，也轻松化解了他的危机。

大量历史事实证明，语言交际能力对人的生存和发展具有极大的作用。战国时代著名的纵横家苏秦和张仪凭借卓越的口才顺利施行了"合纵连横"的策略，左右了七国的分合；蔺相如也利用机智的语言令和氏璧"完璧归赵"；诸葛亮凭着三寸不烂之舌，舌战群儒，从而奠定了三国鼎立的基础……所谓"一人之辩，重于九鼎之宝，三寸之舌，强于百万之师"，足以说明语言表达能力的重要性。

美国一项调查显示，优秀推销员的业绩是普通推销员业绩的300倍，而这些优秀销售员的共同点正是拥有良好的口才。美国"超级推销大王"法兰克·贝德佳十分重视语言的艺术，他认为，交易的成功，往往是口才的产物。

学会倾听，沟通不是单行道

一个瞎子和一个聋子聊天，尽管瞎子讲得口干舌燥、满头大汗，聋子始终无动于衷，这种方式并不是沟通。因为沟通不是单行道，它讲求互动，既要表达自己又要了解别人。如果倾诉是人的一种本能的话，倾听则是一种技巧，而且是沟通上最重要的技巧。

207

倾听可以化解矛盾。纽约电话公司曾遭到一名顾客的投诉,对电话公司接线生的服务态度非常不满,并拒绝缴纳电话基本费,还列举出多项罪名指控电话公司。最后,公司一位职员登门拜访这位暴躁凶悍的客户,并顺利解决了问题。这位职员唯一做的事就是静静地倾听,让对方将满腹牢骚发泄出来,并一再地点头称是。

说服别人,先要学会倾听。有一种职业,倾听可以为他们创造财富,那就是推销。著名的保险业推销员费德曼先生一年的业绩可达6500万美元,足足比其他人的业绩高出64倍。提到成功的秘诀时,他说道:"我相信所有推销人员的能力都不相上下,差别在于,我和客户谈话时特别注意他们的话,我是世界上最好的听众!"因此,要推销自己或者产品,首先要学会做一个忠实的听众。

倾听是治疗心理疾病的基础。精神分析学家弗洛伊德发现,要治疗一个人的心理疾病,最关键的是让他说出内心的感情和生活经历的症结。让病人尽情地说,成为弗洛伊德治疗心理疾病的基本方法,为心理医学界开创了新纪元。

倾听有利于交往。在沟通上,倾听表现为接受、理解、分享、合作、互惠等过程,懂得倾听才可能有好的人际关系,才能与他人友好沟通和合作。

鲍尔吉·原野在《学会倾听》一文中说:如果雄

辩可以得天下的话，倾听则能够守天下！倾听的重要性可想而知。

我们都渴望有人听自己说话。通常情况下，人与人不能沟通，是因为找不到倾听的人。世界指挥大师卡拉扬说："耳朵是最直接地通向心灵之门的器官。"如果你希望自己的孩子成为一个善于沟通的人，就要让他先成为一个忠实的听众。

训练孩子的表达和沟通能力
训练孩子的表达能力

在一个以4～13岁小朋友为主的夏令营活动中，老师正在和小朋友们玩自我介绍的游戏，每个小朋友都有3分钟的自我介绍时间。结果老师发现，大多数小朋友只是简单讲了几句，能够说上1分钟的小朋友寥寥无几。这些小朋友不是没话说，而是不懂得如何"组织话说"，也就是说他们欠缺表达的能力。

一个人的语言表达能力是可以培养的，从生理发育研究表明，4岁之前是培养孩子表达能力的关键期。有几种方法可以帮助你培养孩子的表达能力。

利用孩子感兴趣的话题。鼓励孩子主动去运用语言，从他感兴趣的话题入手是一个很好的方法。比如说孩子喜欢玩具汽车，你可以问他"今天玩汽车呢，还是玩积木"，孩子会很乐意说出他自己的想法，这样就能训练他的表达能力。

丰富孩子的生活经验。要想具有良好的表达能力，丰富的生活经验不可少，因为生活是语言表达的源泉。多带孩子出去感受大自然，将沿途的所见所闻用形象的语言描述给孩子听，为他增添新的词汇，逐渐增加孩子说话的内容。

利用故事、游戏与孩子互动交流。讲故事与玩游戏是孩子最热衷的事情，故事可以让孩子进行想象、思考、回答、感受，可以通过复述故事和续接故事的形式训练孩子的表达能力。游戏是开启孩子智力的法宝，也是沟通亲子关系的桥梁，可以训练孩子的多种能力。

鼓励孩子参加集体活动。课堂上发言、演讲活动、诗歌朗诵、舞台剧、辩论赛等是训练孩子表达能力的最佳机会。

训练孩子的沟通能力

你的孩子是不是不喜欢和其他同学一起玩，总是一个人呆在家里看书、看电视、玩电脑游戏，就连跟你说话都渐渐变少了呢？孩子的沟通出现问题，首先要从父母身上找原因。父母由于忙于工作经常忽略了与孩子的沟通，长期与孩子缺乏交流，虽然保证了孩子物质上的需要，却造成了孩子心理上的缺失。久而久之，孩子渐渐变得寡言少语，甚至冷漠。

训练孩子的沟通能力，就要与孩子平等沟通，先从改变你和孩子的沟通方式开始。

聊天。要养成每天和孩子聊天的好习惯。跟孩子说说你今天都做了些什么，有什么有趣的事儿，然后让孩子说说他今天高兴的事或者不高兴的事儿，以及从中学到了什么。通过这种聊天的方式与孩子沟通，会让你及时掌握孩子的生活情况，知悉孩子的心理需求，同时也训练了孩子的表达能力与沟通能力。

倾听。倾听是沟通上非常重要的一项技巧，我们在前面已经提到过倾听的重要性。你要倾听孩子说话，也要让孩子学会倾听，倾听的态度要真诚、平等、专注。有人说，一个随时都在认真倾听他人讲话的人，就可能成为一个信息的富翁。对孩子来说，倾听是一种重要的学习方式，不会倾听的学生也就不懂得如何学习。

学会无声沟通。所谓无声沟通，是指一种特殊的沟通方式，是指通过行动、品格等获得他人的认同和信任，有时候无声沟通比有声沟通更有说服力。当你与孩子进行沟通时，一个真诚的眼神也许胜过千言万语，孩子的内心会感受到你对他的爱，并用相同的眼神反馈给你，这样，你与孩子的沟通已经成功了！社会心理学家认为："倘若人际沟通中缺乏目光接触的支持，会成为一种枯燥的、令人不悦的过程。"

培养孩子的团队意识

做一个合群并受欢迎的孩子

老师向班上的小朋友们提问："你最想和哪位小朋友玩啊？"结果得票最高的那个孩子竟出乎老师的意料，因为她既不是班上最漂亮的，也不是班上学习成绩最好的，在老师眼里，她就是一个普普通通的孩子。为什么这样的一个孩子会最受欢迎呢？老师经过长时间的观察发现，这个孩子喜欢交往、非常合群、乐于与人分享、有团队意识、喜欢帮助别人、待人友善。

在成人眼里，或许会认为聪明、漂亮、听话、可爱、能干的孩子肯定受欢迎，但是这些只是我们主观的想法，从孩子们那里反馈回来的信息告诉我们未必如此。外表和能力并不是决定孩子受欢迎程度的主要因素，建立良好的人际关系才是关键。同样，一个人事业的成功只有15%是由专业技术决定的，其余85%是靠人际关系和处世技巧。

在动物的世界里，合群性表现得非常明显，我们常常会看到成群结队的大雁往南飞、蜜蜂群居在蜂巢里、蚂蚁搬食物时的场面也是热热闹闹的，等等。英国生物学家克里斯·巴纳德博士认为，合群是团队精神的表现，是动物生存的需要。

同样，合群也是人类生存的需要，合群的孩子受欢迎程度远远高于那些性格孤僻、不爱交往的孩子。心理学家研究发现，许多成人的不善交往可以追溯到幼儿时期，如果孩子的拘谨、不合群得不到解决，那么他这种不善交往的个性将会影响到他日后的事业成功。

领袖式父母的成功秘诀还包括：让孩子成为一个合群并受欢迎的人！

有一颗感恩的心

培养孩子的团队意思需要有一颗感恩的心。一个懂得感恩的人，才是天底下最富有的人！感恩是一种处世哲学，英国作家萨克雷说："生活就是一面镜子，你笑，它也笑；你哭，它也哭。"所以，面对生活，我们需要有一颗感恩的心。

　　领袖式父母会教导孩子用一颗感恩的心去面对生活，要感谢那些曾在生命中参与过的片段。

　　——要对太阳感恩，因为它给予我们光明和温暖；
　　——要对山川河流感恩，因为它们构成了大自然的绮丽风光；
　　——要对路边绽放的花朵感恩，因为它们让你顿悟出生命的美好；
　　——要对即将拆建的足球场感恩，因为它带给你和伙伴们无限的快乐；
　　——要对老师感恩，因为他传授知识和为人处事的道理给你；
　　——要对隔壁的哥哥感恩，因为他经常帮助你；
　　——要对那只小狗感恩，因为它伴随着你成长。

　　懂得感恩生活，生活才会赐予我们灿烂的阳光。2005年5月，一个以"折翅天使眼中的世界"为主题的画展在长春图书馆开幕，这些作品的主人都是智障孩子们，但是在他们的画中却感觉不到悲伤。其中有一个孩子只用了几分钟的时间就用刻刀和红纸完成了一幅精美的画，他脸上灿烂的微笑感染了在场的每一个人。即使生活并没有太眷顾这些孩子们，可他们依然怀着感恩的心面对生活。

　　成功学家安东尼·罗宾指出：成功的第一步就是先存有一颗感恩之心，时时对自己的现状心存感激，同时也要对别人为你所做的一切怀有敬意和感激之情。让孩子拥有一颗感恩的心，比拥有财富更加重要。

多设置互助类的游戏

大多数孩子都是独生子女，在他们的生活圈子里，每个人都对他们宠爱有加，他们是家里的小皇帝、小公主。孩子生活在这样的家庭环境里，很容易形成以自我为中心的观念。加上父母对孩子的保护过度，不愿意让孩子跟别的小朋友玩耍，也会导致孩子自私、霸道、孤僻等性格，长大后难以融入社会，因为他缺乏团结队精神，不懂得谦让和尊重别人。

相比之下，日本人非常重视培养孩子的团队精神，他们喜欢和孩子玩游戏，让孩子从中体验团结与合作的重要性。在幼儿园，老师经常组织孩子们玩"两人三足"的游戏，分成几个小组一起赛跑，这个游戏培养孩子们之间的默契，充分锻炼了孩子团结和合作的能力。

游戏不仅是发展孩子智力的有效手段，也是培养孩子团队意识的最佳途径，是将孩子们团结起来的一种美妙的方式。父母要多为孩子设置一些互助类的游戏，如两人三足、踩气球、接力、拔河等，让孩子在游戏中培养团队意识，体验互相帮助的乐趣，同时增强沟通的能力。

PART 11

培养正确的金钱观，提升孩子的理财智商

每一个富翁的背后除了创造财富的奋斗史之外，还有一套守住财富的理财方法。

在美国、英国和日本等国家，理财教育已被列为中小学的必修课程。

《富爸爸穷爸爸》一书的作者也说过："如果你不教孩子金钱的知识，将会有其他人取代你。"

谁都不希望自己的孩子成为金钱的奴隶，所以从今天起，教孩子理财吧！

理财教育若不趁早，你可能会埋没了第二个巴菲特。

培养孩子正确的金钱观

让孩子体会赚钱的辛苦

曾有一项关于中日韩美四国"高中生生活意识比较"的调查，报告中指出中国孩子对金钱"最没感觉"。另外一项调查显示，在北京、上海、广州等9个大城市中，有92.8%的孩子存在乱消费、高消费、理财能力差的问题。孩子不知赚钱难，是很多父母都忧心的一个问题。关于节俭，孩子或许会认为那是父母年代的事，与他们无关。孩子对金钱的观念越来越差，想要什么就买什么，奢侈、挥霍、浪费就是他们的作风，甚至有些孩子理所当然地说："爸爸妈妈赚的钱，就是给我花的。"

谁会希望自己的孩子花钱大手大脚的呢？可是如果你从小不培养孩子正确的金钱观，他不懂得如何积攒财富，就永远成不了富翁。

儿童心理学家认为，5～6岁是给孩子灌输金钱观的最佳时机，父母首先要做的就是让孩子体会赚钱的辛苦。对于孩子的需求，父母总是第一时间满足他，因为太容易得到想要的东西，孩子会错以为赚钱也是很容易的，逐渐形成错误的金钱观。

如何让孩子体会到赚钱的辛苦呢？当孩子还小的时候，可以先给他讲解钱的来源和用途，比如告诉他钱是爸爸妈妈辛苦工作赚来的，吃饭坐车买衣服都得花钱，不付出劳动是赚不到钱的，还可以通过故事的形式树立孩子正确的金钱观。孩子渐渐长大后，父母可以利用社会实践的机会让孩子切身体会赚钱的辛苦，比如通

过干家务活赚取零用钱、外出打暑期工等，这些都是锻炼孩子"出自己的力，流自己的汗，吃自己的饭"的良好途径！

在金钱面前要保持自尊

为了满足某种欲望，孩子可能会在金钱的驱使下做出一些反常的行为。如，为了买名牌衣服而向父母谎称要交班费，为了买最新的游戏软件而偷拿家里的钱，甚至有些孩子为了钱而走上犯罪的道路……欲望是一个人成长的动力，只是孩子没有通过一种正确的途径来满足自己的欲望，因而成为了金钱的奴隶。

另外，一些生活条件富裕的孩子，由于缺乏正确的金钱观，容易养成慵懒懈怠、贪图享受、挥霍无度的坏习惯，最终成为一个"为富不仁"的人。

人一旦被金钱控制，就会做出很多违背自己意愿的事情。不少人为了金钱出卖自己、失去自尊，甚至泯灭人性。只有在金钱面前保持自尊、坚守原则的人，才会赢得别人的尊敬，事业上也会有更大的成功。

在关于金钱的教育上，卡尔·威特的父亲时常告诫孩子在金钱面前要保持自尊，不要贪图享受、奢侈腐化，要养成简朴的作风。世界首富比尔·盖茨无疑是最能满足孩子金钱欲望的人，但他通常只给孩子很少的零用钱，并且鼓励孩子去打工挣钱，让孩子明白获得金钱并不是轻而易举的事，而且还声明"我不会将自己的所有财产留给自己的继承人，因为这样对他们一点好处也没有。"

比尔·盖茨的做法很值得父母们借鉴不能总带着"再穷不能穷孩子"的思想去教育孩子，否则你的教育永远是失败的！不舍得让孩子吃苦，孩子怎么能体会苦是什么滋味呢？如果你有这样的想法，现在是时候去改变了。让孩子树立正确金钱观的前提是：再富不能富孩子！

靠自己的努力去创造的财富才是最有价值的。父母创造机会让孩子享受一下简朴的满足感，最重要的是要学会知足常乐，这样，孩子才不易被金钱所操纵，才能在金钱面前保持自尊。

钱要花得有意义

犹太人洛克菲勒拥有着巨大的财富，但他一度没有丝毫的快乐感，因为他觉得这些钱还没有发挥出它们的作用。后来，洛克菲勒成立了以自己名字命名的基金会，让成千上万的孩子可以吃饱饭，并上学接受教育。洛克菲勒基金会在医疗教育和公共卫生上作出了卓越的贡献，成为了世界上最大的慈善机构，洛克菲勒还让自己的孩子们秉承他的观念，尽可能把钱花在那些需要帮助的人身上，这样拥有的财富才变得有意义。

洛克菲勒的故事说明了：财富未必能带给人真正

的快乐，只有将钱花在最需要的地方，将财富的价值充分体现出来，才能得到快乐和满足。

孩子平时都有自己的零用钱，尤其是春节期间长辈们给的压岁钱常常使孩子一跃成为"小富翁"。有了压岁钱，大多数孩子都会第一时间跑去商场买喜欢的东西，如最新款的运动鞋、名牌衣服、多功能游戏机等，或者干脆大吃大喝，结果两三天就把压岁钱花光了。还有诸如"某初中生请客一顿花掉千元压岁钱"等新闻报道，更是让人唏嘘不已。

拥有压岁钱、零用钱，对孩子来说当然是一件很快乐的事情，可是如果把钱浪费在不必要的东西上，这种快乐就变得很短暂。钱要花得有意义才能提高孩子的幸福感，才能将快乐进行到底。专家认为，帮助孩子合理地花压岁钱是培养他优良性格的好机会。

"小富翁"口袋里的钱如何花才有意义呢？首先，树立正确的金钱观是必要的，父母要培养孩子节俭的好习惯，并且让孩子拥有一颗爱心，懂得去帮助那些需要帮助的人。比如，父母引导孩子将压岁钱捐给贫困山区的儿童，或者帮助身边家庭困难的小朋友，通过这种方式培养孩子的爱心和责任心，对孩子的成长具有重大的意义。"予人玫瑰，手留余香"，孩子若能体会这种幸福，就是理财的最大成就。

理财从零用钱开始

给孩子的零用钱要合理

　　无论家庭条件富裕与否，父母都会给孩子一定的零用钱。但是给多给少、怎么给是有一定学问的，需要父母们认真斟酌。

年龄越小，间隔越短

　　孩子年龄越小，计划与控制的能力越差，一次给的零用钱他很可能一下子就花光了。为了让孩子体会到零用钱合理分配的重要性，又不减弱他的积极性，孩子越小，给零用钱的间隔应该越短。一般说来，10岁前的孩子一周给一次，等孩子比较懂得节制的时候，可以酌情半个月、一个月给一次。

定期发放

零用钱的发放最好有一个固定时间，定期发放，如每周一发放，类似工资的发放形式。在这个时间发放，可以避免周末发放时孩子迅速"赤贫"的现象，可以让孩子看到后面还需要度过的几天，让他对怎么花钱有一定的压迫感，从而做花销分配的时候能够更合理；定人发放，可以防止重发冒领的情况，这对多孩子的家庭来说尤其重要。

金额要合理

零用钱的标准应酌情而定，要考虑到零用钱将要涵盖的消费项目，要考虑到家庭的经济状况，要考虑到"市场行情"（参考其他的标准），要考虑到孩子的年龄水平。一般说来，10岁前，孩子的零用钱通常不包括日常的生活消费，如车费、饭钱等。所给的金额一定不能超过孩子的需要越多，否则就达不到训练他管理零用钱的用意。

结构多元化

零用钱可效仿成人薪酬的结构工资制，由基本工资与额外的奖励与报酬构成。除每周固定的"基本工资"外，可允许孩子通过家务劳动获得报酬或通过出色表现获得奖励。这样，孩子会慢慢领会到，世上没有不劳而获的美事，只有靠劳动与努力才能赚到更多的钱。但不要把家务与零用钱简单挂钩。家务是每个家庭成员应尽的责任与义务，孩子份内的劳动如收拾玩具、保持

自己房间的整洁等必须完成，不该计取报酬。额外的劳
务可以考虑适当报酬，如帮妈妈去小区的便利店买包调
料，找的零头不妨归他。

帮助孩子制定零用钱管理计划

　　理财能力比较差的孩子通常不晓得自己的零用钱花到哪去了，每次父母追问零用钱的花销去向时，孩子一脸茫然："我没怎么花啊，怎么一下子就全没了呢？"钱不会莫名其妙地消失在空气里，孩子可能买玩具花了15块、买冰淇淋花了2块、买文具花了2块等等，这些花销积少成多，零用钱消耗一空也就成了理所当然的事。

　　培养孩子良好的自我理财能力，合理分配和利用零用钱是他们学习的第一步。美国有不少儿童财商教育方法，大都建议从孩子3～4岁就开始让他自己管理一点零用钱。刚开始孩子还没有一个理智、系统地支配金钱的方法，这时候父母应该为孩子制定一个零用钱管理计划。

　　为了清楚地掌握零用钱的去向，父母可以给孩子一个记账本，要求孩子把每天的花销详细地记录下来，这是让孩子管理零用钱的重要方式。

　　下页图表为8岁孩子可可的零用钱支出日志，供父母参考。

时间	支出项目	支出金额	我的心情	爸爸妈妈的建议
周一	《喜羊羊》漫画	3.5元	太开心了，我又可以看到喜羊羊了。	喜羊羊有很多优秀的品质，妈妈也好喜欢他哦！
周二	冰棍	0.5元	今天上体育课太热了。本来小丽还让我买1.5元的冰淇淋，但是我觉得冰棍就可以了。	可可知道省钱了，妈妈很开心。不过，如果喝学校提供的矿泉水会更营养，老吃冰棍可要担心你苗条的身材了哦！
周三	台风灾害捐款	5元	看到那些倒塌的房子，很多小朋友无家可归，我很伤心，我希望他们也可以和我一样住在大房子里。	这是很有爱心的表现，值得表扬。我们都希望灾区人民能尽快重建家园。
周四	彩色铅笔	3.8元	这是送给小丽的生日礼物，希望她会喜欢，她可是我最好的朋友。	好朋友之间的情谊要好好珍惜，妈妈也祝小丽生日快乐。
周五	小金鱼	2.4元	好喜欢这三条小金鱼啊，我要和它们一起长大。	老师说要爱护小动物，可可要勤快地照顾小金鱼哦！
周六	小手链	5元	好漂亮，超级喜欢。	5块钱是灾区一个小朋友一天的伙食，要是把它捐给小朋友，他就不用饿一天肚子了。
周日	溜冰	4元	和小丽一起去溜冰，摔了一跤。	运动有益健康，适量的运动能够让你健康成长。

零用钱总额：20元　　　　支出额：19.2元　　　　剩余：0.8元

父母总结：这一周，可可只剩下了8毛钱存进小金库哦。虽然剩余的零用钱不多，但妈妈还是对可可为灾区小朋友捐的5块钱感到高兴。希望可可再接再厉，早一点存够钱买自己喜欢的喜羊羊大抱枕。

通过孩子的零用钱支出日志，你可以及时了解他的花钱习惯并提出建议，帮助孩子逐步分辨哪些是必须购买的、哪些是浪费钱，从而帮助孩子合理消费，这是零用钱管理计划中不可或缺的一环。同时你可以向孩子传递良好的生活理念，如：商品是买不完的，要学会理性取舍，在满足部分欲望的同时就得节制其他欲望。为了能将更多的钱用在更有意义的事情上，节俭是每个孩子都应该具备的品质。

教孩子学习简单的家庭理财常识

储蓄是理财中的重要一环。当孩子还小的时候，父母常会代替他把压岁钱存起来，这虽然是一种储蓄，但孩子没有亲身感受到其中的乐趣和意义。很多孩子喜欢把钱存到存钱罐里，其实就因为他能清楚地看到钱的增加，这样一来更有储蓄的动力。

在孩子上小学之后，父母可以陪同他到银行办理储蓄账户，同时教他一些储蓄方式、存取款、利息等知识。在生活中，父母可以引导孩子把零花钱存起来，这样，孩子就会乐于看到存折上的数字增加，无形中受到储蓄的鼓励。另外，父母要让孩子明白储蓄的意义，它可以为之后的支出提供帮助，也可以缓解不时之需。比如要购买一件金额较高的物品，父母就可以引导孩子提前做好计划，经过一定时间的积攒后，就可以买到手。

有时候孩子要购买的物品的价格和存款有很大落

差，父母也可以让孩子通过争取特定的劳动报酬来增加收入，若有必要，父母还可以提供"借贷"，让孩子把借款数目和还款时间等记下来，并按时还清，使他认识到借还金钱的意义，了解借贷信用，产生责任感。

有些电脑游戏例如"大富翁"，里面涉及到许多金钱管理和投资买卖的内容，父母也可以和孩子一起边游戏边学习，让他初步了解股票基金等投资常识。

年龄	理财目标
3岁	认识钱币，分辨纸币与硬币。
4岁	会用钱购物。
5岁	知道钱是劳动的报酬，钱可以交易商品。
6岁	学会攒钱，开始管理自己的钱。
7岁	会看购物标签，能根据购物标签的提示购物。
8岁	懂得到银行开户存钱，自己挣零用钱。
9岁	制定用钱计划，会讨价还价、买卖交易。
10岁	懂得节约零用钱用于购买必要的较贵物品。

PART 12

孩子是从原石中诞生的璞玉

爱不是一个简单的词，爱孩子也不是一件简单的事。

还要多少教育悲剧才能拯救那颗"错爱"的心呢？

有迷途知返的父母懊悔地对孩子说："我太爱你，却又太不会爱你了。"

沉重几许，情何以堪？

此刻，只想轻轻地问一句：

孩子要成为未来的美玉，那你做刻刀还是碎石机？

爱孩子就让孩子成为他自己

你的爱是动力还是幌子？

　　看过电影《死亡诗社》的人，大多都难以忘记影片中那个叫Neil的英俊少年，在精神教父般的Keating老师的开放式教学下，他迸发出诗人的激情，充满自信地追寻自己的梦想。但是，Neil的父亲完全不认同他的兴趣和天分，命令他退出校报编辑的工作，专心为做一名外科医生而努力。Neil退让了，苦痛而孤独地继续扮演乖儿子的角色。然而，Neil却无法抑制对表演的喜爱，当争取到话剧团的主角时，他欣喜若狂，同时也陷入了更大的痛苦中，因为他深知无法得到顽固父亲的理解。这时，Keating老师鼓励他走自己的道路，用行动争取父亲的认同。凭借内心的热情，Neil在舞台上完美地诠释了精灵的角色，赢得了观众的掌声和赞许。Keating老师由衷地认为Neil找到了自己的天赋，然而Neil却被一脸愠怒的父亲带走了。父亲对Neil的表演完全不认可，回到家之后更强迫他转学，没有丝毫商量的余地。就这样，绝望的Neil在寒冷的冬夜里结束了自己的生命。

曾有人用"不敢直面的人生，不敢追逐的梦想"来形容这个悲剧。一个曾经鲜活的生命，最后抱着"精神不死"的决心走向死亡，在这一切的背后，毫不理会孩子真实意愿与梦想的父亲其实才是真正的刽子手。

在现实生活中，有太多以"爱"的名义伤害自己孩子的家长。如同Neil的父亲一样，不少父母想通过孩子实现自己未竟的梦想，他们不忘强调从前自己的成才条件多么有限，而如今生活幸福的孩子就理所当然要走完这一道路，而任何的申述都抵不过一句"我是为了你好"。"爱孩子，更爱面子"，这曾是外国媒体对中国父母的一种深层解读。很多父母希望孩子成绩好，乃至将来出人头地，骨子里都来源于自己的虚荣心。孩子不听话，不先细想背后的原因和学会理解孩子，而是先想办法"对付"孩子，不让自己失去"老子"权威的父母也大有人在。爱本是无条件的，然而到了很多父母那里，爱就成了等价交换的筹码，"不考前十名，上次答应的旅游的事就别提了"，"想买玩具，先把作业做完再说","你再考不及格，就别进这个门"……在这样的家庭教育中，能给予孩子温暖和动力的爱甚至成为了可计算价值的交换品，而孩子则一次又一次地做出相应的行为来换取有条件的爱，更可悲的是，孩子往往会将这样的模式应用于下一代。

身为父母，如果不懂得"爱"的真正意义，往往会在孩子心里割出一道长长的教育伤口。爱是无条件的，既不是交易品也不是掩饰的幕帘。假如你真的爱你的孩子，请尊重他是这世上独立个体的事实，摒弃孩子是私有物的心态，尊重孩子的天赋和意愿，让他听自己的心声，忠于自己的想法，找自己的道路，活出自己的人生。父母的爱，只有成为孩子成长的动力，才不会失去本来的价值。

误读天才就误了孩子一生

生物学中针对遗传物质的表达有这么一个结论：环境对基因的表达有影响作用。也就是说，即使是一样的基因，给予不同的外界条件，也会有不同的结果。科学家曾经做过研究，发现在不同环境下接受不同教育的同卵双胞胎，他们的智商都有不同程度的差异，差别最大的一对双胞胎达到了12分之多。假如我们把孩子的天赋比作生命的基因，那后天的教育就相当于环境，对于孩子能否把天赋淋漓尽致地发挥出来有着极大的影响。

一直以来，很多父母都对"天才"二字趋之若鹜，一个又一个的神童故事引发了一次又一次的轰动。纵观中外的小天才、小神童，他们无一不是有着天生的良好资质，早早就表现出某一方面的优势，在有利条件的培育下，最终在某个领域创造了奇迹。在很多人眼里，这是轻轻松松取得的成就，完全忽略了他们成功背后的故事。试想，假如这些孩子当初无法发展自己的长处呢？假如他们并没有刻苦努力地学习呢？就像爱因斯坦，若被家人强迫学音乐，而肖邦若是个好吃懒做的"小皇帝"，那天才的故事又从何讲起？其实，天才是那些有幸发挥天赋的人。这种幸运在于，父母对其天赋的尊重和良好的教育，使得他们走上了真正属于自己的道路。反观现在的许多父母，渴望孩子成为天才，却不细心寻找孩子的潜能和兴趣，也不尊重和引导孩子的求知欲，只知道盲目地把孩子送到不感兴趣的各种学习班去，这样缘木求鱼的教育无疑只会生生折杀了孩子的天赋。

孩子是一颗有生命力的种子，只有在适宜的条件下才能生根发芽，开花结果。请父母珍视孩子的可贵本质，用心耕耘他成长的土壤，让他经历阳光雨露，拥有自己的灿烂人生。

长远目光预见璀璨未来

别让孩子成为流星

北宋时期的方仲永，一个五岁时"未尝识书具"就能写字作诗的神童，指定物品让他作诗，他也能立刻写好，而且颇具文理。这令邻近的乡民十分惊奇，有的人甚至花钱求仲永题诗。他的父亲认为这样有利可图，每天拉着他四处拜访同县的人，不让他学习。到仲永十二三岁时，他的才能完全消失了，成为了一个平凡的人。

人们从这个故事中得到结论：后天教育对人的成才有着重要的作用。现在的孩子接受力强，也拥有良好的学习条件，所以应该抓紧时间努力学习，在知识经济时代奋发向上，避免成为第二个"方仲永"。然而首份《中国状元职场状况调查》却表明，1977年到2006年的30年间，全国各省高考状元没有一个在从政、经商、做学问等方面成为杰出人才。这样的结果多多少少与专业选择有关，但长达30年的人才缺失是发人深省的。从社会角度来说，这何尝不是一种"方仲永现象"呢？

这种"小时了了，大未必佳"的情况，着实应该引起父母的注意。即使我们能从仲永父亲身上得到教训，不以孩子的长处作为肆意炫耀和求利的工具，孩子面对这种"倒退"又如何自处呢？其实，父母的顾此失彼正是一个个"方仲永"出现的原因。许多人过于看重眼前的现状，并没有深入思考孩子成长的需要。于是，小时候聪明的孩子"变笨"了，成绩拔尖的学生到社会上不受欢迎了，父母也只能默默承受孩子"泯然众人矣"的事实。

孩子除了拥有特长和知识以外，拥有快乐活泼、安静专注、勇敢自信、勤劳善良、独立自主、勇于创新等性格也同样重要。因此，孩子的智商发展与性格塑造紧密结合起来，就成为教育的主题。"父母之爱子，则为之计深远"，要学会用长远的目光看待孩子的成长，不纠结于眼前的得失。要知道，流星虽美却总是一闪而逝，没有什么比孩子的恒久闪亮更值得付出和等待。

赢得人生比赢在起点更重要

近年在教育领域，对家长误导最严重的一句话就是"别让孩子输在起跑线上"。一些家长由于担心自己的孩子输在起跑线上，通过各种培训班给孩子超前灌输与其年龄不同步的知识，揠苗助长。

倘若将人生形容为一场竞赛，"起跑线"的比喻是恰当的。但是，"输在起跑线上"一般只出现在短程竞赛中，例如百米赛。如果是马拉松那样的长跑，就不存在输在起跑线上的担忧。相反，马拉松比赛赢在起跑线上的运动员，往往由于没有保存体力，导致"起个大早，赶了晚集"。

20多年前，某大学的少年班家喻户晓。如今，这些昔日的神童几乎全军覆没，没有一个成为栋梁之才。这些孩子没有输在起跑线上，但是他们或父母将人生的马拉松赛跑误判为短跑，拼尽全力赢在起跑线上，自然会后劲不足，最终败北。

请让孩子输在起跑线上。输在起跑线上，也许能赢得人生。赢在起跑线上，也许会输掉人生。

——节选自郑渊洁《请让孩子输在起跑线上》

十年树木，百年树人。让孩子成才是长久的事业，父母若只急于让孩子"早成才"，那孩子可能就会过早耗尽人生长跑的力气。对于大自然的开发，人类尚且知道要"可持续发展"，更何况是只有一次珍贵童年的孩子呢？

孩子自一个细胞开始，就依靠成长的力量不断充盈生命的脉动。现在，孩子更需要的是心灵的成长，这是使他们的世界生生不息的力量。从今天起，父母耐心地在教育时光里把自信积极、优秀品质、快乐求知、专注自制、自理自立、想象创意、逆境向上、和谐人际和理财观念九大力量注入孩子的心里，他们的人生定会绽放出无限蓬勃生机。

孩子是从原石中诞生的璞玉，璞玉之美，在于雕琢未施时的天姿神韵，父母既要看到孩子身上此般光华，亦要看到其历尽时光的成器之形。用心地做领袖式父母吧！当美玉雕琢成器，你就能对孩子的感激由衷微笑："孩子啊，我们早就知道，你会成就非凡！"

图书在版编目（CIP）数据

3岁看成长 10岁看一生 / 陈洁编著.—沈阳：辽宁科学技术出版社，2010.7
ISBN 978-7-5381-5837-3

Ⅰ.①3… Ⅱ.②陈… Ⅲ.①早期教育：家庭教育 Ⅳ.①G78

中国版本图书馆CIP数据核字（2010）第119607号

3岁看成长 10岁看一生

陈 洁 编著

出版发行：辽宁科学技术出版社
　　　　　（地址：沈阳市和平区十一纬路29号　邮编：110003）
印 刷 者：广州培基印刷镭射分色有限公司
经 销 者：各地新华书店
幅面尺寸：142mm×210mm
印　　张：7.5
字　　数：300千字
出版时间：2010年7月第1版
印刷时间：2010年7月第1次印刷
策划制作：名师文化出版（香港）有限公司
　　　　　（广州编辑制作中心电话：020-61930481）
总 策 划：唐志妙
总 编 辑：蒋雪梅
责任编辑：名　实
文字编辑：黄　彦　李文媚
封面设计：刘　誉
版式设计：汤秋芬
责任校对：王玉宝

书　　号：ISBN 978-7-5381-5837-3
定　　价：22.00元

联系电话：024-23284376
邮购热线：024-23284502
E-mail:lnkjc@126.com
http://www.lnkj.com.cn
本书网址：www.lnkj.cn/uri.sh/5837

如发现印装质量问题，请与承印厂联系调换。